# 高职体育教学改革创新 与科学化训练研究

许庆兵　著

吉林文史出版社

图书在版编目（CIP）数据

高职体育教学改革创新与科学化训练研究/许庆兵
著.-- 长春:吉林文史出版社,2024.5
  ISBN 978-7-5752-0213-8

  Ⅰ.①高… Ⅱ.①许… Ⅲ.①体育教学–教学研究–
高等职业教育 Ⅳ.①G807.4

  中国国家版本馆CIP数据核字(2024)第095946号


高职体育教学改革创新与科学化训练研究
GAOZHI TIYU JIAOXUE GAIGE CHUANGXIN YU KEXUEHUA XUNLIN YANJIU
著　　者：许庆兵
责任编辑：高丹丹
封面设计：万典文化
出版发行：吉林文史出版社有限责任公司
电　　话：0431-81629369
地　　址：长春市福祉大路出版集团 A 座
邮　　编：130117
网　　址：WWW.jlws.com.cn
印　　厂：北京四海锦诚印刷技术有限公司
开　　本：710mm×1000mm　1/16
印　　张：11.5
字　　数：271 千字
版　　次：2025 年 1 月第 1 版 2025 年 1 月第 1 次印刷
书　　号：ISBN 978-7-5752-0213-8
定　　价：58.00 元

# 前　　言

　　高职体育教育是中国教育体系中的重要组成部分，它旨在培养适应社会需要的高素质体育专业人才。然而，随着社会的快速发展和体育领域的不断进步，高职体育教育面临着新的挑战和机遇。

　　为了更好地适应时代的发展和培养具备创新能力及实践能力的高职体育专业人才，体育教育领域需要进行改革与创新。本书旨在探讨高职体育教育的改革与创新，以及如何将科学化训练方法引入教学，从而提高学生的综合素质和竞争力。

　　本书深入研究了高职体育教育的现状和问题，探讨了如何借鉴国内外先进经验，引入了新的教学理念和方法。同时，本书分析了科学化训练在体育教育中的应用，包括运动生理、运动心理和运动训练等方面的内容，以提高学生的训练效果和竞技水平。在当前教育体制改革和体育产业蓬勃发展的大背景下，本书研究的意义不仅在于为高职体育教育改革提供有力的理论支持，还在于能够推动体育教育的实践创新，促进学生全面发展。作者期望本书的研究能够为高职体育教育的未来发展方向和策略制定提供有力参考，推动体育教育事业迈向更高水平。

　　作者在写作本书的过程中，借鉴了许多前辈的研究成果，在此表示衷心感谢。由于本书需要探究的层面比较深，作者对一些相关问题的研究不够透彻，加之写作时间仓促，书中难免存在疏漏之处，恳请前辈、同行以及广大读者斧正。

# 目　　录

# 第一章　高职体育教育改革背景与动机

## 第一节　高职体育教育的历史演变

### 一、高职体育教育的初创阶段

（一）高职体育教育的蓝图初现

近年来，高职体育教育呈现出了一幅令人鼓舞的蓝图，描绘出未来的宏伟发展。在2010年左右，学校开始加大对体育专业的投入，构建了学科体育体系。各类课程的设置丰富多样，涵盖了从基础理论到实践操作的全方位教育内容，为学生提供了广阔的学科视野。随着时间的推移，高职体育教育的蓝图不断拓展，在注重学科建设的同时关注实践教学。学校逐渐增加了实习实训的时间，引入更多的实际案例和项目，以培养学生的实际操作能力。学生在校外实践中获得的经验，成为他们未来职业生涯的宝贵财富。进入2020年，高职体育教育呈现出明确的发展方向，注重与社会企业需求的对接。学校加大了与体育产业、企业的合作，建立校企合作的桥梁，使学生在实践中更好地融入职业生涯，提高就业竞争力。这一举措也为学校与社会产业的深度融合奠定了基础。未来的高职体育教育蓝图中，学校应注重培养学生的创新精神。学校逐渐引入更多的科研项目，鼓励教师和学生开展实际的创新研究，通过学科创新研究，培养学生独立思考和问题解决的能力，使他们在面对未知挑战时能够从容应对。高职体育教育的蓝图还涉及国际化发展。学校应加强与国际体育教育机构的交流与合作，引入更多国际化的教育资源，使学生有机会参与国际性的赛事和学术交流，从而拓宽视野，提升国际竞争力。高职体育教育的蓝图初现，展现了一幅充满活力的画卷。从学科建设到实践教学，再到与社会的深度合作和国际化发展，这个蓝图，为高职体育教育的未来发展指明了方向，为学子们打开了广阔的职业天地。

（二）高职体育教育的课程初步建立

20世纪初，高职体育教育的课程初步建立体现出国家对整体人才培养的重视。当时，体育教育注重基础体能的培养，强调军事体育和集体活动，以提高国家的整体国民身体素质和国防能力为主要目标。各国纷纷设立了体育学校和专业课程，推动了体育教育的初步发展。20世纪中叶，体育教育逐渐扩展了其领域，强调综合素质的培养。此时的体育教育课程开始注重学科理论体系的建立，逐渐引入心理学、生理学等相关学科，丰富了课程内容，使其更具系统性和科学性。进入20世纪末，全球对综合素质的需求不断提高，使体育教育的课程建设趋于综合和多元。课程内容逐渐包括体育科学、管理学、教育学等多个学科，以更好地适应社会对综合素质人才的需求。21世纪初，数字化技术的快速发展为体育教育课程的创新提供了新的契机。引入先进的技术手段，如虚拟现实、增强现实等，使体育教育的实践性更强，学生能够在虚拟环境中进行训练和体验。随着社会对体育教育多元性的需求增加，体育教育的课程体系也逐渐调整，除了传统的体能训练，更注重个体差异的培养，引入了不同层次和类型的课程，满足学生个性化发展的需求。体育教育的课程初步建立迎来了全球化的发展机遇。国际体育赛事和文化交流的增多，促使各国加强对体育教育的课程建设，提高学生的国际竞赛能力。同时，各国的经验交流也为不同国家的体育教育课程建设提供了有益的借鉴。在课程内容方面，体育教育逐渐加强了对运动心理学、康复学等新兴学科的引入，以提高学生的专业素养。此外，注重实际应用的课程也得到了强化，使学生能够更好地适应未来职业发展的要求。随着社会需求和科技的不断发展，体育教育的课程将面临更多的挑战和机遇，也因此会更加注重创新性课程的引入，强化实践性的培养，以培养具有综合素质的体育专业人才。在不断调整和优化的过程中，体育教育的课程将更好地适应社会和学生的需求，迎接未来的发展。

### （三）高职体育教育的基础建设与探索

20世纪初，体育教育进入了基础建设与探索阶段。在这一时期，各国纷纷认识到体育对于国家整体素质的提高以及国防能力的增强有着重要意义。因此，各国开始关注体育教育的基础建设，设立体育学校和专业课程，探索合适的培养体育专业人才的教育方法。20世纪初至20世纪中叶，体育教育进入了扩展与深化的阶段。各国纷纷强化了对体育教育的基础设施建设，兴建了体育馆、运动场等运动场地，提供了更好的教学和训练条件。此时，体育教育课程逐渐从军事体育扩展到综合素质的培养，涵盖了广泛的内容。20世纪中叶，随着社会的进步和体育理念的不断发展，体育教育进入了创新与拓展的阶段。学科理论体系逐渐建立，体育教育开始引入相关学科如心理学、生理学等，以提高教育的科学性。同时，体育教育课程逐渐强调对学生个性发展的关注，注重培养学生的实际操作能力。20世纪末至21世纪初，数字化技术的快速发展为体育教育的创新提供了新的契机。各国通过引入先进的技术手段，如虚拟现实、增强现实等，使体育教育的实践性更强，学生能够在虚拟环境中进行训练和体验。体育教育也进入了全球化的发展阶段，国际体育赛事和文化交流的增多，推动了各国对体育教育的进一步合作与交流。国际化的发展为体育教育提供了广泛的资源和发展机遇，促使各国加强对体育教育的基础建设与探索。在基础设施建设方面，体育教育不仅有了更多的现代化体育场馆，还有全面的运动训练设备。这为学生提供了更好的体育教育环境，有助于提高其整体素质。在科学课程体系的拓展方面，除了传统的体育理论课程，体育教育还逐渐引入了运动心理学、康复学等新兴学科。这使体育教育更加综合、多元，更好地适应了社会对综合素质人才的需求。体育教育的探索阶段也涉及对教育方法的创新。通过引入虚拟现实和增强现实技术，学生能够在更具沉浸感的环境中进行实际操作，增强了学习的趣味性和实效性。基础建设与探索阶段是体育教育历程中的重要发展阶段。通过不断的探索与创新，体育教育逐渐发展成为一个多元、全面、国际化的领域，为培养更优秀的体育专业人才奠定了坚实的基础。

### （四）初创时期的高职体育教育的实践导向

20世纪初，初创时期的高职体育教育着重强调实践导向。当时，社会对于体育专业人才的需求逐渐增加，以满足国家整体素质提高的要求。在这一背景下，高职体育教育在初创时期开始注重实践导向，着眼于培养具有实际运动技能和专业素养的人才。20世纪初至20世纪中叶，实践导向成为高职体育教育的核心理念。学校设立了丰富多样的实践课程，强调学生在实际运动中的动手能力培养，不仅注重体能的锻炼，还引入了军事体育、集体活动等实际项目，以培养学生的实际操作能力。20世纪中叶，高职体育教育的实践导向进一步深化。学科理论体系逐渐建立，科学理论知识与实际运动技能的结合成为培养目标。学校逐渐增加了实习实训的时间，引入了更多与体育专业相关的实际案例和项目，使学生能够在实践中更好地掌握运动技能。20世纪末，数字化技术的迅猛发展为高职体育教育的实践导向提供了新的机遇。引入先进的技术手段，如虚拟现实、增强现实等，使体育教育的实践性更为丰富。学生可以在虚拟环境中进行更真实、更多样的运动训练，提高了实践教学的效果。近年来，全球体育产业的蓬勃发展为高职体育教育的实践导向注入了新的动力。学校与体育产业、企业建立更紧密的联系，实行校企合作，使学生在实际工作中更好地融入职业生涯。实践导向不仅关注学生在校内的实践，更关注他们的专业技能在社会中的实际运用。实践导向的初创时期，强调培养学生的动手能力和实际操作技能，为学生未来的职业生涯打下了坚实的基础。这一理念的深化和发展，使高职体育教育逐渐成为一个将理论知识与实际操作相结合的全面体系，更好地满足了社会对体育专业人才的需求。初创时期的高职体育教育实践导向在不断的发展中形成了其特色。通过注重学生的实际动手能力培养、实际运动技能的锻炼以及与体育产业的深度合作，这一理念为培养高素质的体育专业人才奠定了坚实基础。

## 二、高职体育教育的发展阶段

20世纪初，高职体育教育进入了初创阶段。当时，社会对体育专业人才的需求逐渐增加，以满足国家整体素质提高的要求。在这一背景下，高职体育教育在初创时期开始了对体育专业人才的培养，注重培养学生的实际运动技能和专业素养。20世纪初至20世纪中叶，高职体育教育进入了扩展与深化的阶段。学科理论体系逐渐建立，理论知识与实际运动技能的结合成为培养目标。学校逐渐增加了实习实训的时间，引入了更多与体育专业相关的实际案例和项目，使学生能够在实践中更好地掌握运动技能。20世纪中叶，高职体育教育进入了创新与拓展的阶段。实践导向成为高职体育教育的核心理念，强调学生在实际运动中的动手能力培养，不仅注重体能的锻炼，还引入了军事体育、集体活动等实际项目，以培养学生的实际操作能力。20世纪末至21世纪初，数字化技术的迅猛发展为高职体育教育的创新提供了新的机遇，引入先进的技术手段，如虚拟现实、增强现实等，使体育教育的实践更为丰富。学生可以在虚拟环境中进行多样的运动训练，提高了实践教学的效果。21世纪初，全球体育产业的蓬勃发展为高职体育教育的实践导向注入了新的动力。学校与体育产业、企业建立紧密联系，实行校企合作，使学生在实际工作中更好地融入职业生涯。实践导向不仅关注学生在校内的实践，更关注他们在社会中的实际运用。21世纪至今，高职体育教育进入了全球化的发展阶段。国际体育赛事和文化交流的增多，推动了各国对体育教育的进一步合作与交流。国际化的发展为高职体育教育提供了广泛的资源和发展机遇，促使各国加强对体育教育的基础建设与探索。

高职体育教育在不同的发展阶段都经历了不同的变革和创新，初创时期注重基础建设，扩展与深化阶段加强实践导向，创新与拓展阶段引入先进技术，全球化阶段强调国际合作。这一过程中，高职体育教育逐渐形成了一个多元、全面、国际化的领域，更好地满足了社会对体育专业人才的需求。

### 三、高职体育教育的课程体系的完善阶段

20世纪80年代末至21世纪初，高职体育教育的课程体系进入了新一轮的全面完善阶段。这一时期，受到社会对体育专业人才需求的不断变化和体育产业的迅猛发展的推动，高职体育教育开始着手调整和优化课程体系，以更好地适应时代的发展潮流。20世纪90年代初，随着全球体育产业的兴起，高职体育教育迅速认识到课程设置需要更为综合和实践导向。各大院校开始加强对体育管理、体育市场营销等方面知识的教学，以培养学生对体育产业整体运作的理解和能力，同时，加强对新兴领域，如体育科技、体育健康管理等方向的探索，以满足社会对多元化体育专业人才的需求。21世纪初，全球信息化浪潮涌动，高职体育教育迎来了新的机遇和挑战。学校积极借助现代技术手段，加强对体育信息化、大数据在体育管理中的应用等方面的教学。

这一时期，课程体系逐渐注重培养学生对科技与体育的结合理解，以及运用先进技术解决实际问题的能力。21世纪初，社会对体育健康的重视程度不断提升，高职体育教育迅速调整课程体系，增设了更多健康与运动科学、运动康复等相关课程。这一时期，课程体系更加注重学生身心健康的培养，强调运动与健康的科学关联，使学生能够在实际工作中更好地指导人们的运动和健康管理。在课程体系完善的同时，高职体育教育还积极推动实践环节的拓展，通过与各类体育产业企业、健康机构、科研机构的深度合作，为学生提供更为丰富和多样的实践机会。这一时期的实践环节设计更加注重与实际工作场景的贴合，使学生在实际操作中能够更好地应对各种挑战。高职体育教育还强化了对学生综合素质的培养，在完善课程体系的同时，注重培养学生的团队协作能力、创新精神和跨学科的综合素养。这一时期，高职体育教育更加注重对学生综合素质的培养，使其不仅具备专业知识，更能够在不同领域中崭露头角。这一时期的高职体育教育课程体系的完善，不仅使专业知识更为系统和综合，也更好地贴合社会对体育专业人才的需求。在这个过程中，高职体育教育不断调整自身的发展方向，致力于培养更具实践能力、创新精神和全球化视野的体育专业人才。

### 四、高职体育教育的师资队伍的建设阶段

20世纪初，高职体育教育的师资队伍建设进入了初创阶段。在这一时期，体育专业的教育体系还不够完善，师资队伍相对薄弱。很多教师是经验丰富的体育从业者，缺乏系统的教育理论知识。因此，初创时期的师资建设主要注重教师的实践经验和运动技能。20世纪初至20世纪中叶，师资队伍的建设进入了扩展与深化的阶段。随着体育专业教育的逐渐发展，学科理论逐渐完善，对于教师的学科素养要求也逐渐提高。这一时期，高职体育教育加强了对教师的深化培训，注重提高教师的学科素养和教育理论水平，使一些有经验的从业者开始转型成为专业的体育教育者，为学生提供更系统的教育服务。20世纪中叶，师资队伍建设进入了创新与拓展的阶段。教育理念的更新和体育专业的多元化发展，对教师队伍的要求更为全面。高职体育教育开始引入更多与体育教育相关的学科，如运动康复学、运动心理学等，这对教师的综合素质提出了更高的要求。因此，师资队伍的建设不仅注重专业技

能的培养，还加强了对教育理论和科研能力的培训。20世纪末至21世纪初，数字化技术的快速发展为师资队伍的建设提供了新的契机。教师需要适应数字化教育的发展趋势，学习并运用先进的教育技术。这一时期，师资队伍的培训不仅注重专业素养，还加强了对信息技术的应用能力培养，以更好地适应数字化教育的发展。高职体育教育的师资队伍建设也进入了全球化的发展阶段。学校与国际体育教育机构进行交流与合作，引入国际化的教育理念，提升教师的国际化视野。这一时期，师资队伍的培养不仅关注本国的体育发展，更关注国际体育教育的前沿理念和科学技术。

高职体育教育的师资队伍建设经历了初创、扩展与深化、创新与拓展、数字化和全球化等不同阶段。从最初重视实践经验到现如今注重多方面综合能力的培养，师资队伍建设在逐步完善和创新中，为高职体育教育提供了坚实的支持。

## 五、高职体育教育的实践基地的建设与校企合作阶段

20世纪90年代至21世纪初，高职体育教育的实践基地建设与校企合作迎来了蓬勃发展的阶段。这一时期，受到社会对体育产业专业人才需求的逐渐增加和以满足高职体育教育本身的发展需求，各院校开始加强实践基地建设，并积极探索与企业的合作模式，以提升学生实际操作能力和适应体育产业的能力。20世纪90年代初，实践基地建设成为高职体育教育的重要议题。各院校认识到，仅仅依赖校内的教学资源难以满足学生全面培养的需求，还需要依托外部实践基地，为学生提供更为真实、丰富的实践环境。因此，一些先进的高职体育教育机构开始积极开展实践基地建设工作，与当地体育产业企业展开深度合作，以打造符合实际工作需求的实践场地。到了21世纪初，高职体育教育的实践基地建设迈入了新的阶段。院校逐渐认识到校企合作的重要性，开始与体育产业企业建立更为紧密的联系。这一时期，院校不仅选择性地与各类企业签署合作协议，还积极寻找合适的实践基地，以确保学生能够在真实的工作环境中进行实践，更好地培养实际操作能力。在实践基地建设的过程中，高职体育教育开始关注校企合作的多样性。院校与不同类型的体育企业、健康机构、社区体育组织等建立合作关系，以确保学生能够在各个领域获得全面的实践经验。同时，通过校企合作，院校也更好地了

解体育产业的发展趋势，为课程的调整和优化提供实际参考。随着时间的推移，高职体育教育的实践基地建设不断创新。21世纪初，一些领先的高职体育教育机构开始探索建立独特的实践基地，引入先进的体育科技设备，使学生能够接触到最新的行业动态和技术发展。这一时期，校企合作逐渐从传统的实践基地合作拓展到科技创新与产业研究的深度合作，提高学生的实际操作水平和创新能力。

高职体育教育的实践基地建设与校企合作阶段是一个不断发展、不断创新的过程。通过与体育产业企业的深度合作，院校的实践基地更为贴合实际工作需求，培养了更加适应体育产业发展的专业人才。这一阶段的实践基地建设，为高职体育教育的长远发展奠定了坚实基础。

## 第二节　教育改革对高职体育的影响

### 一、课程改革对高职体育的影响

#### （一）改革背景与动机

当前，社会在不断发展变化，体育产业的崛起与体育文化的深入人心使得对高职体育教育提出更高要求。在经济全球化的浪潮下，体育产业逐渐成为国家经济的重要组成部分，为培养适应社会需求的高素质体育人才提供了新的挑战。面对这一新的时代背景，高职体育教育迫切需要进行深刻的改革，以适应时代的发展潮流。高职体育教育改革的动机在于对未来社会需求的深刻洞察。传统的教育模式已经不能满足现代社会对体育人才的全面要求，迫切需要从课程设置、教学方法到实践基地建设等多方面进行系统化的调整。改革的动机还体现在对学生个性化发展的尊重，要求培养更具创新精神和实践能力的新一代体育专业人才。改革的背景和动机在于提高高职体育教育的适应性。社会在迅速变化，在技术发展日新月异的背景下，传统的体育教育模式显得滞后。改革的动机在于促使高职体育教育更好地适应社会的多样性和不断变化的需求，使毕业生能够更好地适应职业发展和社会变革。

改革的背景还在于对综合素质的重视。传统体育教育强调专业技能培养，但现代社会对体育人才要求更为全面。改革的动机在于强调培养学生的创新能力、团队协作精神以及批判性思维等综合素质，使其具备更强的竞争力。改革的背景和动机也在于国际竞争的激烈。在全球化背景下，各国对于体育人才的需求越来越高。改革的动机在于通过提高高职体育教育的水平，培养更具国际竞争力的体育专业人才，为国家在全球体育领域的声望和实力做出贡献。高职体育教育改革背景在于社会的发展变化推动体育产业的崛起，从而对人才提出的新要求。改革的动机则在于适应未来社会需求，尊重学生个体发展，提高高职体育教育的适应性。这一改革旨在使高职体育教育更符合时代的发展潮流，培养更具创新精神和实践能力的新一代体育专业人才，为国家在体育领域的发展提供坚实的支持。

（二）课程结构与内容的调整

高职体育教育课程结构与内容的调整是适应社会发展和满足学科特点的需求，是提升教学质量和培养学生综合素质的重要措施。课程结构的调整需要突出实践性和综合性，注重理论与实践的结合。课程结构的调整要注重实践性。高职体育教育的目标是培养学生的实际操作能力，因此，课程结构需要更加突出实践性。实践性课程的设置要更为丰富和多样，包括实际体育运动、训练实践、实地考察等多种形式，以确保学生能够在实际操作中更好地运用所学知识；还要注重将实践性课程与理论课程相结合，使学生在理论学习的基础上能够灵活运用到实践中，提高实践操作的水平。课程结构的调整要更为注重综合性。综合性是高职体育教育的一个重要特点，课程设置要更加强调不同学科的融合，使学生能够全面发展。综合性课程可以涵盖体育学、心理学、管理学等多个学科领域，通过跨学科的融合，来促使学生在多方面得到发展。这有助于提升学生的综合素质，更好地适应职业发展的需要。综合性课程还能够促进学生的多元思维和创新能力的培养，使其在未来的职业中更具竞争力。课程内容的调整要更加贴近社会需求。随着社会的不断发展，职业领域对高职体育专业毕业生的需求也在不断变化。因此，课程内容的调整要更加贴近社会需求，及时更新教材和教学内容，保持与职业领域的同步。这既包括对新兴体育运动和技术的介绍，也包括对职业行业的深入了解，使学生在学习过程中能够更好地适应未来的职业发展。此外，课程内容的调整要关注国际化的趋势，引入国际先进的教学理念和技术手段，使学生具备更强的国际竞争力。课程结构与内容的调整需要注重个性化。每个学生都是独特的个体，有着不同的兴趣和特长。因此，课程设置和教学内容的调整应该更加注重个性化，为学生提供更多发展的空间，使其能够在培养专业技能的同时发展自己的特长和潜力。这有助于激发学生的学习兴趣，提高其学习的主动性，使其更好地适应职业的多样化发展。高职体育教育课程结构与内容的调整是为了更好地适应社会发展和满足学科特点的需要，突出实践性、综合性、社会需求、个性化等方面，以促进学生全面素质的培养。

（三）教学方法与手段的创新

高职体育教学应注重培养学生全面素质，激发他们对体育运动的兴趣和热爱。创新体育教学方法与手段，不仅有助于提高学生的学科水平，更能够培养他们的团队协作精神和领导力。为此，高职体育教学可以通过引入现代科技手段，设计多元化的体育活动，以及推行个性化的教学方式，全面促进高职体育教学的创新。在体育教学中，融入现代科技是创新必不可少的手段。高职体育教学借助虚拟现实（VR）和增强现实（AR）技术，可以打破传统教学的空间限制，为学生提供直观体验。通过虚拟场景，学生能够参与各种运动，深化对规则和战术的理解。借助智能设备，可以实时监测学生运动状态，提供个性化的指导和建议，以更好地满足不同学生的不同的学习需求。多元化的体育活动设计也是促进教学创新的关键。传统的体育课程注重体能训练，但其课程缺乏足够的趣味性和挑战性。通过引入各种新颖的体育项目，如攀岩、滑板等，可以激发学生的学习兴趣；组织跨学科的体育活动，融入科学、文学、艺术等元素，使体育教学更具丰富性和综合性；通过设计富有创意和挑战性的体育活动，不仅可以提高学生的身体素质，还能培养其创新思维和解决问题能力。个性化的教学方式是推动高职体育教学创新的又一重要途径。传统教学往往以集体为单位进行，忽视了每个学生的个体差异；借助现代技术手段，教师可以实现对学生学习情况的精准监测和个性化调整。通过智能化的教学平台，教师可以了解每个学生的学科水平、兴趣爱好和学习习惯，有针对性地进行教学设计。还可以采用分层教学和小组合作的方式，使学生在合作中相互学习，更好地发挥个体优势，提高整体学习兴趣和学习效果。

高职体育教学方法与手段的创新，旨在培养学生全面素质，激发对体育运动的兴趣和热爱。引入先进科技手段，设计多元化的体育活动，以及推行个性化的教学方式，可以更好地满足学生的学习需求，培养其团队协作精神和领导力，推动高职体育教学走向科学化、人性化和创新化的发展方向。

（四）课程改革对学生学科素养的影响

高职体育教育课程改革对学生学科素养的影响是深远而积极的。这种改革不仅关乎课程的调整和内容的更新，更关系到培养学生全面素质的目标。在这个过程中，学科素养的提升不仅表现为对专业知识的掌握，更体现在综合素质、实践能力以及创新意识等方面。改革带来的多元课程设置使学生在学科素养上得到全面培养。传统体育教育课程偏重技能培养，而现代体育教育改革倾向于注重知识结构的多样性发展。通过引入更广泛、更深入的体育科目，学生将能够在不同领域获取丰富的学科知识，提高学科素养的深度和广度。改革应注重理论与实践的有机结合，有助于学生将学科理论知识应用到实际问题中，从而提高其实践能力。实践是体育学科素养的重要组成部分，而传统体育教育中的理论与实践常常存在割裂。通过改革，课程设置更注重将理论知识贴近实际体育活动，使学生在实践中能够更好地运用所学的学科知识，培养实际操作的能力。改革的课程体系更注重激发学生的创新意识和批判性思维。传统的体育教育往往只强调技能的传授，而缺乏对学生创新能力的培养。通过引入更富有挑战性和探索性的课程，改革能够激发学生对体育领域问题的思考兴趣，培养他们独立解决问题的能力，从而提高学科素养的创新性。改革还促使学校与企业建立更紧密的联系，将实际工作需求融入课程设置，使学生更好地适应职业发展需求。这种联系有助于学生了解体育行业的最新需求和发展动态，提前准备并融入职业生涯。学科素养不再仅仅是书本知识，更加强调实际操作和职场应用的能力，使学生在真实职业环境中更好地表现出色专业知识。在改革中，学科素养的提升也得益于实践基地的建设。通过与企业合作建立实践基地，学生将有更多机会在实际工作场景中应用所学知识，加深对学科内容的理解。实践基地的建设不仅丰富了学生的实际经验，也使他们更好地将学科素养转化为实际应用的能力。

高职体育教育课程改革对学生学科素养的影响是全面而积极的。通过多元化的课程设置、理论与实践的有机结合、创新能力的培养以及实践基地的建设，学生的学科素养在深度和广度上都得到了提升。这种改革不仅使学生能够更好地适应社会发展的需求，也为他们在体育领域的职业发展提供了坚实的基础。

## 二、实践环节与校企合作改革对高职体育的影响

### （一）改革背景与校企合作动机

高职体育教育改革的背景与校企合作的动机是适应社会需求和推动教育发展的必然选择。背景的变化源于社会对人才培养的新要求，而校企合作的动机则在于其为学生提供实际和全面的培训。背景的变化主要表现在社会对体育专业人才需求的日益增长。随着体育产业的不断壮大，社会对高职体育教育的需求也越来越迫切。社会对体育专业人才的要求不仅仅是对传统的理论知识，更需要具备实际操作能力和职业素养。因此，高职体育教育需要根据这一变化，进行有针对性的改革，以更好地满足社会对体育专业人才的需求。在这一背景下，校企合作成为推动高职体育教育改革的一种有效手段。

校企合作的动机主要体现在以下几个方面。校企合作有助于弥补传统教育与实际职业需求之间的鸿沟。传统的教育往往停留在理论知识的传授，而校企合作可以使学生在实际职业环境中接触和掌握实际操作技能，更好地适应职业发展的需要。校企合作有助于提升学生的职业素养。通过校企合作，学生能够更好地了解职场的规则和要求，培养其具有一定的职业操守和职业道德，使其更好地融入职业环境。校企合作可以拓宽学生的职业发展渠道。学校与企业紧密合作，可以为学生提供更多的实习和就业机会，增强他们的职业竞争力。学生在实际工作中积累的经验也有助于更好地规划自己的职业发展路径。校企合作还有助于推动教育教学方法的创新。通过与企业深度合作，学校可以更好地了解实际职业领域的发展需求，调整和优化课程设置，推动教学方法的更新与创新，提高教学质量。

高职体育教育改革的背景是社会对体育专业人才需求的新变化，校企合作的动机在于为学生提供实际和全面的培训。改革背景的变化驱使高职体育

教育根据社会需求进行有针对性的改革，而校企合作成为实现这一目标的有效手段。学校和企业能够通过弥补传统教育与实际职业需求之间的鸿沟、提升学生的职业素养、拓宽职业发展渠道以及推动教育教学方法的创新等方面，共同促进高职体育教育朝着实际和全面的方向发展。

（二）实践基地建设与优化

高职体育教育实践基地的建设和优化是促使学生实际应用所学知识、提高职业素养的关键措施。实践基地应当贴近社会需求，与学科教学紧密结合，为学生提供真实且多样的实践环境。对实践基地的优化可以使其更加符合教育目标，为学生提供更为全面、深入的实际操作体验。实践基地的建设应当注重对地理位置的选择。选择与当地体育产业密切相关的实践基地，有助于学生更好地了解当地体育行业的发展情况，增加他们的职业就业机会；通过与当地体育企业、俱乐部等建立紧密联系，形成长期合作机制，能够为学生提供更多的实践机会和资源支持。实践基地的建设还需要关注教育设施和装备的完善。高质量的实践基地需要先进的设备和完备的硬件条件，以确保学生能够在良好的环境中进行实际操作。实践基地通过与企业和体育机构的深度合作，可以获取最新的设备和技术支持，使实践基地更具竞争力。实践基地的建设还需要注重师资队伍的培养。引入业内高端人才，将其纳入学校的师资队伍，有助于贴近行业发展的最新动态，提高教学水平。企业专业人才的参与也能够为学生提供更为直接、实用的职业指导，帮助他们更好地融入职业生涯。与企业的合作是实践基地建设的关键。通过建立实习基地、合作项目等方式，学校可以更好地将学生与实际工作环境紧密结合，使他们在实际工作中能够熟练运用所学的体育知识和技能。学校通过与企业的深度合作还可以为实践基地提供更多的实际案例和问题，让学生在解决实际问题中培养批判性思维和创新能力。实践基地的优化需要关注与企业的双向互动。学校不仅要为企业提供人才支持，还需要从企业获取实际的需求和反馈信息，及时调整实践基地的课程和设置，保持与产业的紧密联系。这种双向互动有助于使实践基地贴近行业实际情况，更好地满足学生的培养需求。实践基地的建设还需要注重多样性。学校通过与不同领域、不同层次的企业建立联系，使实践基地不仅关注专业技能的培养，还能够为学生提供广泛、多样的实践机会。这有助于学生全面地了解体育产业的各个方面，提升他们的综合素质。

高职体育教育实践基地的建设与优化是培养学生实际操作能力、提高职业素养的必然选择。通过选择适宜的地理位置、完善设施和装备、优化师资队伍、深度与企业合作、双向互动、多样性发展等方面的努力，可以使实践基地更好地满足学生的培养需求，为他们提供丰富、实用的资源和支持，推动高职体育教育的深度发展。

（三）校企合作模式的创新

高职体育教育校企合作模式的创新是为了更好地满足社会对专业人才的需求，促进教育与企业实际需求的紧密对接。这种创新主要体现在合作方式、内容形式、管理机制等多个方面。校企合作模式的创新体现在合作方式上。传统的校企合作方式往往以实习和实训为主，而创新后的校企合作模式更加注重深度融合。合作方式可以从简单的实习扩展到更为复杂的项目实操、研究合作等多个层面，使学生在与企业的互动中更全面地了解和掌握专业知识和实际技能；可以引入企业导师，使学生在实践中得到更为直接和专业的指导，提升实际操作水平。创新的校企合作模式体现在内容形式上。合作内容可以从单一的实际操作扩展到全面的实践项目。通过共同参与实际项目，学生能够更好地融入职业环境，提升解决问题的能力；可以将企业实际问题引入教学内容，使学生在解决实际问题的过程中得到更为深层次的专业知识培训。创新的校企合作模式需要更为灵活的项目管理机制。传统的合作往往受到学校和企业管理体制的制约，创新的校企合作模式需要打破这种限制。可以通过建立灵活的项目管理机制，促使双方更为高效地合作；建立联合培养机构，使学校和企业紧密地协同管理培养计划，提高培养质量；校企合作模式创新还需要注重信息共享。通过建立信息平台，学校和企业可以及时交流学生的学习情况、实践成果等信息，使合作更为紧密且有序；信息共享还可以促进企业更好地了解学生的潜力和特长，为招聘专业人才提供更为全面的信息支持。校企合作模式的创新还需强化企业文化融合。将企业文化融入课程设置和培养计划中，使学生更好地适应职业环境，增强职业认同感；将企业文化融合还有助于培养学生的团队协作意识，使其更好地融入企业团队。

创新的高职体育教育校企合作模式是为了更好地满足社会对专业人才的需求，通过合作方式的拓展、内容形式的丰富、管理机制的灵活、信息共享的加强以及企业文化的融合，使学生能够全面、实际地掌握与运用专业知识和技能，更好地适应未来职业发展的需要。

（四）校企合作对学生实际就业的促进

高职体育教育的校企合作对学生实际就业的促进是一种有效的战略。这种合作不仅使学校与企业之间建立了紧密联系，更使学生能够在实际工作中获得更多的经验和机会，提高他们的职业素养，增加就业竞争力。校企合作使学生能够更好地了解实际职业需求。通过与企业建立联系，学校可以获取最新的行业动态信息和用人需求信息。这种信息的及时传递使学生更好地了解市场需求，对职业发展方向有明确地认识，有助于他们更好地规划自己的职业生涯。校企合作提供了更多的实际实习和实训机会。通过与企业合作，学生有机会在实际工作场景中应用所学知识，锻炼实际操作能力。更多的实习和实训的机会使学生深入地了解行业运作，提前适应职场环境，增加了他们的职业经验，为将来的就业提供了坚实的基础。校企合作还促进了学生的职业技能培养。通过与企业合作，学校可以更加精准地了解职业领域的技能要求。基于这些要求，学校可以优化课程设置，更好地培养学生所需的职业技能，使他们更具竞争力。企业专业人才的参与还能够为学生提供实际操作的指导，使他们的职业技能得到更加实际和深入的培养。校企合作有助于学生建立更广泛的职业人际关系。与企业专业人员的深入交流还有助于学生了解职业行业的内部机制和规律，提高他们对职业领域的整体认知水平。校企合作不仅有助于学生更好地融入职业生活，也为他们提供了更多的就业机会。企业在实际运作中可能会发现并需求具有实际经验和职业技能的人才，而通过与学校的合作，他们更容易找到合适的毕业生。这种紧密的合作关系使学生更容易得到企业的认可，提高了他们的就业竞争力，为顺利就业创造了更好的条件。

高职体育教育的校企合作对学生实际就业的促进是一种双赢的战略。这种合作关系不仅使学校更好地了解职业领域的需求，也为学生提供了更多的实际实习和实训机会，促进了他们的职业技能培养。校企合作为学生建立职业人脉、了解职业行业内部机制提供了机会，增加了他们的就业机会，使学生更容易找到符合自身发展需求的职业岗位。这种深度合作不仅为高职体育教育提供了实际的支持，更为学生的职业发展打下了坚实的基础。

# 第三节　高职体育教育改革的动机

## 一、社会体育产业发展的需求

### （一）体育产业发展的背景与趋势

体育产业的发展受到多方面因素的影响，背后涌动着广泛的背景和趋势。随着社会的进步和人们生活水平的提高，体育不再仅仅是一种娱乐活动，而是成为一个重要的经济支柱。体育产业的蓬勃发展为高职体育教育提供了更为广阔的发展空间，也对教育体系提出了更高的要求。

体育产业发展的背景如下。

体育产业的发展背景源于社会经济结构的调整。随着信息技术和服务业的发展，传统产业结构正在发生深刻变革，而体育产业作为一个新兴的服务领域，正逐渐崭露头角。这种结构性调整为体育产业提供了更多的发展机会，同时使得高职体育教育需要更好地适应新兴产业的需求。全球化是体育产业发展的另一大背景。随着全球交流的加深，体育已经超越了国界，成为国际交流与合作的重要纽带。这一趋势推动着国际体育产业的繁荣发展，也使得高职体育教育需要培养更具国际视野和跨文化沟通能力的专业人才，以适应全球化的潮流。科技创新是推动体育产业发展的重要力量。从虚拟现实技术到智能穿戴设备，科技的不断进步不仅改变了体育竞技本身，也为体育产业带来了全新的商机。高职体育教育需要与时俱进，紧密结合科技发展趋势，培养学生成为具备前沿科技应用能力的专业人才，以更好地适应产业的科技驱动需求。健康意识的崛起也是体育产业蓬勃发展的动力。随着人们生活水平的提高和健康观念的普及，体育不仅仅是专业运动员的领域，也成为社会广大群众关注的焦点。这一趋势推动了体育产业的多元化发展，从健身器材、健身培训到体育旅游，形成了庞大而复杂的产业链。高职体育教育需要适应这一趋势，培养能够适应多元化体育产业需求的复合型人才。

体育产业发展的趋势如下。

体育产业的趋势表现为多元化和差异化。传统的体育产业主要集中在体育赛事、体育用品等领域，但随着人们对个性化和多元化需求的增加，体育产业呈现出广泛发展的格局。从电子竞技到极限运动，体育产业的多元化使高职体育教育需要灵活地调整课程设置，以适应新兴领域的需求。体育产业发展的趋势还体现在文化与创意融合方面。体育与文化、艺术、娱乐等领域的深度融合，使体育产业不再仅仅关乎体育本身，更成为一个拥有文化内涵和创意价值的综合性产业。高职体育教育需要培养具备跨界融合能力的专业人才，使他们能够在多元化、创新性的体育产业中脱颖而出。

体育产业的发展背景和趋势受到社会经济结构的调整、全球化、科技创新、健康意识的崛起、多元化和差异化的影响。这些因素使体育产业呈现出多元、创新、跨界的发展态势，为高职体育教育提供了广阔的发展空间，提出了更高的要求。高职体育教育需要紧密结合产业发展趋势，培养具备综合素质和创新能力的专业人才，以适应体育产业的快速发展，为产业的繁荣做出贡献。

（二）体育产业对人才需求的变化

体育产业对人才的需求一直处于不断变化的状态。体育产业的快速发展带来了多元化的市场需求，对高职体育教育提出了丰富和复杂的人才要求。随着体育产业的多元化和专业化发展，其对人才的需求日益呈现出多层次、多领域的特点。传统的竞技体育仍然需要高水平的运动员和教练员，但休闲体育、健身产业的崛起也对专业的体育管理、康复医学等方向提出了更高的要求。这种多层次的需求使高职体育教育需要更加注重专业领域的深耕，培养更具专业技能和综合素养的人才。体育产业的国际化发展也带来了对跨文化、跨领域人才的更高需求。国际赛事的频繁举办，体育产业的跨国经营，要求体育从业人员具备较强的国际视野和跨文化沟通能力。因此，高职体育教育需要在培养学生的专业技能之外，更注重提高学生的国际化素养，使其具备能够在国际舞台上参与竞争的能力。数字化、智能化的科技发展也对体育产业提出了新的人才需求。运用大数据分析、人工智能等技术手段，已经成为提高体育训练效果、管理体育赛事的重要途径。因此，高职体育教育需要结合科技发展趋势，加强对学生的信息技术能力培养，使其能够灵活运用新技术、新手段，更好地适应数字化时代的体育产业发展。体育产业的快速扩张也对体育营销、体育法律等非传统领域提出了复杂的人才要求。体育赛事的商业化运作，赞助商的广泛涉足，都需要具备市场开发、营销策划、法律法规等多方面知识的人才。因此，高职体育教育不仅需要注重学生专业技能的培养，同时需要强化对非传统领域知识的涉猎，培养具备全方位素质的体育专业人才。

体育产业对人才的需求呈现出多层次、多领域的特点，要求高职体育教育不仅注重传统体育专业技能的培养，更需要适应产业变化，注重学生国际化素养、科技能力、非传统领域知识等方面的培养，以更好地满足体育产业对人才的多元化需求。

（三）高职体育教育与体育产业的对接

高职体育教育与体育产业的对接是一种紧密联系、相互促进的关系。高职体育教育作为培养体育专业人才的重要途径，应当与体育产业密切对接，使学生更好地适应产业发展需求，为产业的蓬勃发展提供有力支撑。在对接过程中，高职体育教育需要关注体育产业的动态。了解产业的最新发展趋势、市场需求和技术变革，有助于调整课程设置、优化教学内容，使教育更加贴合用人企业的实际需求。通过与产业保持及时的信息交流，高职体育教育能够更好地把握产业的发展方向，更好地培养符合产业需求的专业人才。高职体育教育需要注重与体育产业企业的深度合作，建立校企合作机制，使企业专业人才参与教育过程，为学生提供更为实际和实用的培训。企业的专业人员也能够带来实际操作经验和实际工作需求，有助于提高学生的职业素养，使他们更好地适应职场挑战。在对接体育产业时，高职体育教育还应关注行业标准和规范。了解产业的专业要求，使教育更加符合行业标准，有助于提高学生的专业水平。与行业协会、行业组织的密切合作，可以为高职体育教育提供更为专业的指导和支持，使教育更加有针对性。高职体育教育与体育产业的对接还需要注重实践基地的建设。通过与企业合作建立实践基地，为学生提供更多的实际实践机会。实践基地的建设应当紧密结合体育产业的特点，使学生能够在真实的产业环境中进行实际操作，增加他们的实践操作经验。在对接体育产业时，高职体育教育还应强调创新和创业教育，培养学生的创新精神和创业能力，使他们能够在体育产业中脱颖而出，他们不仅是从业者，更是创业者。通过与创业企业的合作，为学生提供创业实践的机会，促使他们更好地将理论知识转化为实际行动，增强创新能力。高职体育教育还需要重视与体育产业的人才需求匹配，深入了解产业用人的需求，调整培养方案，使学生更好地符合产业的用人标准。与企业建立定期的人才对接会、招聘会等机制，有助于高职体育教育更好地为学生提供就业机会，同时为企业提供了更多的用人选择。

高职体育教育与体育产业的对接是一种相互促进、共同发展的关系。通过关注产业的发展动态、与企业深度合作、关注行业标准、实践基地建设、强调创新创业教育以及与企业的人才需求匹配等方式，高职体育教育能够更好地适应产业发展的需求，培养更符合市场需求的专业人才，为体育产业的可持续发展提供了坚实的人才支持。

（四）改革动力与途径

高职体育教育改革的动力主要来自社会需求和教育体制的变革。社会对多元化、综合素质的体育专业人才需求的提升，推动了高职体育教育的改革。教育体制的变革也使高职体育教育需要适应新的发展要求，因此改革势在必行。社会对体育专业人才的需求不断变化，体育产业的发展使人才需求日益多元化。传统的体育专业人才培养往往只注重运动员和教练员对的培养，而现代社会对体育专业人才的要求不仅包括传统的竞技体育领域，还涉及休闲体育、康复医学、体育产业管理等多个方面。为适应这一多元化的需求，高职体育教育需要调整专业课程设置，改革培养模式，注重多层次、多领域的综合素质培养。教育体制的变革也是高职体育教育改革的动力之一。现代社会对教育提出了更高的要求，注重培养学生的实际操作能力、创新意识和团队协作精神。传统的体育教育体制可能存在过于注重理论知识传授，忽视对学生实际操作能力培养的问题。因此，高职体育教育需要适应新的教育理念，调整教学内容和方法，更加注重学生的实践操作和团队合作能力的培养。

在改革途径上，高职体育教育需要注重以下几个方面。首先，要注重专业设置的灵活性。学校应通过灵活性设置专业方向，根据社会对人才的需求动态调整专业设置，使其更加符合实际用人需求。其次，要强化实践操作的培养。学校应通过与体育产业、实际职业环境的深度合作，引入实际项目、实际操作等，使学生在实践中更好地掌握所学知识。再次，要加强教育理念和方法的创新。学校应注重培养学生的实际操作能力、创新意识和团队协作精神，引入新的教学理念和方法，提高教学质量；同时强化科技手段在教学中的应用，更好地适应数字化时代的教育需求。最后，要建立更加灵活的教育管理机制。学校应通过改革管理机制，强化与社会的紧密联系，建立健全的质量保障体系，促进高职体育教育的可持续发展。

高职体育教育改革的动力来自社会需求和教育体制的变革。为适应多元化、综合素质的体育专业人才需求，高职体育教育需要灵活调整专业设置，强化对学生实践操作的培养，创新教育理念和方法，建立灵活的教育管理机制，以更好地满足社会对高职体育教育的新需求。

## 二、职业人才培养的社会责任

### （一）职业人才培养的社会责任框架

高职体育教育作为职业人才培养的重要领域，肩负着社会责任。其社会责任框架需要在多个层面进行构建，以确保培养出更符合社会需求、具备综合素质的专业人才。社会责任框架的核心在于培养学生的专业素养。高职体育教育要紧密结合体育产业和社会发展需求，注重学生在专业领域的知识和技能培养。这不仅包括理论知识的传授，更需注重实践操作能力的培养，使学生能够胜任未来职业中的各种挑战。社会责任框架需要关注学生的全面素质发展。高职体育教育不仅是传授专业知识，更应该关注学生的身心健康、人际沟通、团队协作等方面的素养，通过培养学生的全面素质，使其具备更强的适应力和创新能力，更好地融入社会职场。社会责任框架的第三层面是关注学生的职业发展规划。高职体育教育要激发学生对职业的热情，引导他们树立正确的职业发展观念，通过提供实习机会、实训机会，帮助学生更好地了解职业领域，形成明确的职业目标，为顺利进入职业生涯打下坚实基础。社会责任框架需要强调学生的社会责任感。高职体育教育要培养学生的公民意识和社会责任感，使其在职业发展的能够积极参与社会公益事业，为社会的发展和进步贡献自己的力量，通过强调社会责任感，培养学生的社会责任心，使其成为对社会有益的一员。社会责任框架的另一个关键层面是注重学生的跨文化交流和国际视野。随着全球化的发展，高职体育教育要培养学生具备跨文化交流能力和国际合作的能力，通过开展国际交流项目、引入国际化课程，帮助学生更好地了解国际体育产业的发展动态，拓展他们的国际视野。在社会责任框架中，高职体育教育还需注重与企业和行业组织的合作，建立校企合作机制，将企业专业人才纳入教学过程，更好地贴近实际职业需求，并与行业组织紧密协作，了解行业发展趋势和标准，确保教育内容更加符合实际职业要求。社会责任框架需要强调对学生的终身学习意识。高职体育教育不仅要满足学生短期内的职业需求，更应该培养学生具备终身学习的能力。通过培养学生的自主学习和自我发展的能力，使其能够不断适应职业领域的发展变化，保持竞争力。

在构建社会责任框架时，高职体育教育要根据社会需求、产业发展、国家政策等多方面因素进行全面考量，使其在学生培养中真正起到推动社会进步的积极作用。通过关注专业素养、全面素质发展、职业发展规划、社会责任感、跨文化交流、国际视野、与企业合作、终身学习等方面，高职体育教育能够更好地履行社会责任，为社会培养优秀的职业人才而努力。

（二）社会需求与职业人才培养的衔接

随着体育产业的蓬勃发展，社会对高职体育教育的职业人才提出了多元化和实际化的需求。这种社会需求与高职体育教育的职业人才培养存在密切的衔接关系。体育产业的多元化发展推动了社会对高职体育教育职业人才的多层次需求。传统的竞技体育领域仍然需要高水平的运动员和教练员，但休闲体育、康复医学、体育产业管理等新兴领域对专业人才的需求也日益增加。这种多元化的需求使高职体育教育需要调整职业人才的培养模式，注重学生在不同领域的综合素质培养，以更好地满足社会对不同层次体育专业人才的需求。社会对高职体育教育的职业人才提出了更高的实际操作能力和创新能力的要求。体育产业的发展要求从业人员不仅要具备丰富的理论知识，更需要具备实际操作技能和创新思维。因此，高职体育教育需要更加注重实践操作的培养，通过与实际职业环境的深度合作，引入实际项目、实际操作等，使学生在实践中更好地掌握所学知识；要培养学生的创新精神，鼓励他们在解决问题、应对挑战的过程中形成独立思考的能力和批判性思维。社会对高职体育教育的职业人才提出了更高的综合素质要求。在现代社会，一个成功的体育专业人才需要不仅具备专业技能，更需要具备良好的人际沟通、团队协作、领导力等综合素质。因此，高职体育教育需要在培养专业技能的同时，培养学生的团队协作能力、沟通表达能力、领导潜力等，使其具备全面的职业素质。社会对高职体育教育的职业人才提出了一系列新的需求。高职体育教育应当深刻理解社会的这些需求，调整培养模式，更加注重对学生实践操作的培养、创新能力的培养与综合素质的培养，以更好地适应现代社会对体育专业人才的新要求。

（三）社会责任的履行与质量保障

高职体育教育在履行社会责任的过程中，必须紧密结合质量保障体系，以确保教育质量和社会责任的有机结合。社会责任与质量保障相辅相成，相互促进，共同推动高职体育教育的可持续发展。社会责任的履行要求高职体育教育关注学生的全面发展。质量保障体系应当覆盖课程设置、教学方法、实践环节等各个方面，以确保学生在专业知识、实践技能、人文素养等方面都能够得到全面培养。只有全面培养学生，才能更好地履行对社会的责任，为社会培养更具综合素质的人才。社会责任的履行要求高职体育教育强调与产业的深度对接。质量保障体系应当关注与产业的合作机制，建立校企合作，引入产业专业人才参与教学，通过深度合作，使教育贴合实际职业需求，为学生提供更好的实践机会，以适应体育产业的发展需求。社会责任的履行还要求高职体育教育注重培养学生的社会责任感。质量保障体系应当强调教育过程中对学生社会责任感的培养，通过社会实践、公益活动等形式，来激发学生的社会责任心。只有培养出具有社会责任感的专业人才，高职体育教育才能更好地履行社会责任。社会责任的履行要求高职体育教育关注学生的职业发展。质量保障体系应当与职业发展规划相结合，通过实习、实训、校企合作等方式，帮助学生更好地了解职业领域，明确职业发展目标。只有关注学生的职业发展，高职体育教育才能真正为社会培养出符合行业标准的专业人才。在履行社会责任的过程中，高职体育教育还需关注国际化发展。质量保障体系应当强调国际交流、国际合作等方面，使学生具备跨文化交流和国际合作的能力。只有培养出具有国际视野的专业人才，高职体育教育才能更好地履行社会责任。社会责任的履行还要求高职体育教育与行业组织、协会、社会组织等建立紧密联系。质量保障体系应当关注教育内容与行业标准的契合度，通过与行业组织的密切合作，及时调整教学计划和培养方案，以适应社会需求。只有与社会各方保持密切联系，高职体育教育才能真正履行对社会的责任。

高职体育教育在履行社会责任的必须建立完善的质量保障体系。这个体系应当涵盖全面素质培养、与产业的深度对接、社会责任感的培养、职业发展规划、国际化发展、与社会各方合作等多个方面。只有在这个综合的体系支持下，高职体育教育才能更好地履行社会责任，为社会培养优秀的职业人才。

（四）社会责任的实际效果评估

社会责任的实际效果评估在高职体育教育中是至关重要的一环。高职体育教育作为社会培养专业人才的重要平台，肩负着培养合格从业人员、服务社会的责任，其对于这一责任的实际效果评估，既是对教育机构的监督与评价，也是对社会需求的响应与满足。社会责任的实际效果评估需要关注学生具备的职业能力。高职体育教育的首要目标是培养学生具备实际职业能力，能够胜任体育专业工作。对学生在实际工作中的表现、应对复杂情境的处理能力、解决问题的能力等方面展开测评，可以评估高职体育教育是否真正起到了培养实用性专业人才的作用。社会责任的实际效果评估应该关注毕业生的就业状况。高职体育教育肩负着为社会培养从业人才的责任，因此，学生毕业后是否能够迅速就业，是否能够胜任工作岗位，是直观反映高职体育教育实际效果的重要指标。对毕业生的就业率、就业质量等方面进行综合评估，可以客观地反映高职体育教育的社会责任履行情况。社会责任的实际效果评估需要关注学生的综合素质。除专业知识和职业技能之外，高职体育教育还需要培养学生的综合素质，包括人际交往、团队协作、创新能力等各方面。对学生在校期间的综合素质表现，以及毕业后在实际职业环境中的人际关系处理、团队协作等方面的表现展开测评，能够评估高职体育教育是否成功培养出全面发展的专业人才。社会责任的实际效果评估需要关注教育机构与社会的互动情况。对教育作为服务社会的机构，其实际效果评估还需考察其与社会的互动情况。通过了解教育机构是否与体育产业、相关企事业单位有紧密的联系与合作，是否能够及时调整课程设置、培养计划以适应社会需求的变化等方面进行了解，可以评估高职体育教育是否积极主动地履行社会责任。

社会责任的实际效果评估是高职体育教育的重要环节，直接关系到教育机构是否能够有效履行其社会责任。对学生的职业能力、毕业生的就业状况、学生的综合素质以及教育机构与社会的互动等方面展开测评，可以全面客观地评估高职体育教育的实际效果。

# 第四节　科学化训练在高职体育教育中的重要性

## 一、高职体育教育科学化训练的理论基础

### （一）运动生理学的理论基础

运动生理学是高职体育教育中至关重要的理论基础之一，其理论体系为理解运动的生理机制提供了科学的框架。运动生理学不仅关注运动对身体的影响，还深入研究了机体在运动中的各种生理变化，为体育教育提供了科学依据。运动生理学的理论基础体现在对机体能量代谢的研究上。通过深入研究运动过程中的能量转化和产生机制，我们能够了解不同强度和时长的运动对机体能量系统的影响。这对于制订科学的运动训练计划、提高运动员的体能水平具有重要的指导作用。运动生理学关注心血管系统的调节和适应。研究心血管系统在运动中的变化，不仅有助于理解运动对心血管健康的影响，还为优化运动训练提供了重要依据。通过运动生理学的研究，我们能够更好地把握运动强度、频率和时长，以达到良好的心血管适应效果。运动生理学

的理论基础还包括对呼吸系统的深入研究。了解运动对呼吸系统的刺激和调节，有助于优化运动呼吸策略，提高氧气利用效率，从而改善运动表现。这对于高职体育教育中的训练指导和运动技能培养至关重要。运动生理学还研究了运动对内分泌系统的影响。了解运动时体内激素的分泌变化，有助于解析运动与代谢、生长发育、免疫等方面的关系。这为制订合理的运动训练计划、促进运动员整体健康提供了科学的理论支持。运动生理学理论基础的研究还涉及神经系统的调节。通过深入研究运动对神经系统的影响，我们可以更好地理解运动技能的习得和改进过程，为高职体育教育中的技能培训提供科学的方法。运动生理学的理论基础还包括对运动对免疫系统的影响的研究。了解运动与免疫系统的互动关系，有助于科学指导运动员的训练和竞技活动，以减小运动对运动员免疫系统的不良影响，保障运动员的身体健康。

运动生理学的理论基础为高职体育教育提供了科学的指导和依据。通过对能量代谢、心血管系统、呼吸系统、内分泌系统、神经系统和免疫系统等方面的深入研究，我们能够更好地理解运动的生理机制，为体育教育提供科学、系统、全面的理论支持。

（二）运动心理学的理论基础

运动心理学作为一个独立的学科领域，其理论基础深厚且广泛。理解运动心理学的理论基础对于高职体育教育的深入发展至关重要。1运动心理学的理论基础之一是心理学的基本原理。运动心理学在研究过程中借鉴了心理学的基本原理，如认知、情感、学习、记忆等多项理念，这些原理构成了运动心理学的理论基础，使其能够全面、深入地分析和解释运动行为中的心理过程。社会心理学为运动心理学提供了重要的理论支持。运动是社会活动的一部分，个体的运动行为常常受到社会环境的影响。社会心理学的理论框架为运动心理学提供了解释运动行为中群体动态、社会影响等方面的理论基础，使运动心理学能够更好地理解运动行为在社会背景下的特殊性。动机理论是运动心理学的另一个重要理论基础。动机是推动个体参与运动行为的内在力量，而动机理论为运动心理学提供了理解运动行为背后的动机机制的理论基础。通过研究个体在运动中的动机来源和动机水平，运动心理学能够更好地指导高职体育教育中的运动员培训和心理辅导。生理心理学对运动心理学也有着深远的影响。运动行为与生理过程密切相关，如运动对身体的生理变化，特别是对神经系统、内分泌系统的影响。生理心理学的理论基础为运动心理学提供了解释运动行为背后的生理机制的理论支持。认知心理学为运动心理学提供了理论基础支持。认知心理学研究个体的思维、知觉、注意等心理过程，而这些过程在运动中起着关键作用。运动员在运动中需要进行复杂的认知活动，如决策、注意控制、运动规划等，认知心理学的理论基础为运动心理学提供了深入研究这些认知过程的工具和方法。

高职体育教育在进行运动心理学的教学与研究时，需要深刻理解运动心理学的理论基础。这包括心理学的基本原理、社会心理学、动机理论、生理心理学以及认知心理学等多个方面。通过深入理解运动心理学的理论基础，高职体育教育可以更好地引导学生理解运动行为背后的心理机制，从而提高运动员的训练效果，促进他们在运动领域的全面发展。

（三）运动训练学的理论基础

运动训练学是高职体育教育的重要组成部分，其理论基础贯穿于体育专业的培养过程。这一领域的理论体系主要包括运动生理学、运动生物力学、运动心理学和运动营养学等多个方面的理论基础。这些理论基础为高职体育教育提供了科学指导，使学生在训练和竞技中能够理性、高效地提升自己的体能和技能水平。运动训练学理论基础中的运动生理学为高职体育教育提供了对身体在运动中的生理变化的深入了解。通过研究运动对能量代谢、心血管系统、呼吸系统、内分泌系统等方面的影响，运动生理学为制订科学合理的训练计划提供了依据，有助于提高运动员的体能水平。运动训练学的理论基础之一是运动生物力学，该领域关注运动中的机械原理和生物学结构。运动生物力学通过对运动的力学分析，为教练员提供了详细的运动技能指导，有助于改进运动员的动作效果，提高运动技能水平。运动心理学是运动训练学中不可或缺的组成部分，它关注运动员的心理状态和心理过程。运动心理学的理论基础有助于理解运动员的意志力、注意力、压力应对等心理特征，为教练员提供科学的心理干预方法，提高运动员的心理素质，提升竞技表现。运动训练学还包括运动营养学，它关注饮食和营养对运动员训练和竞技表现的影响。通过深入研究营养对能量供给、康复和体能恢复的作用，运动营养学为制订个性化的饮食计划提供了理论支持，有助于提高运动员的身体素质和体能表现。运动训练学的理论基础还包括运动解剖学和运动病理学。运动解剖学是通过研究人体在运动中的各个部位的结构和功能，为运动技能的精细化提供解剖学理论基础；运动病理学是以研究运动引起的损伤和生理变化，有助于更好地防范和处理运动中可能出现的问题。

运动训练学的理论基础为高职体育教育提供了科学的指导和支持。通过运动生理学、运动生物力学、运动心理学、运动营养学、运动解剖学和运动病理学等多方面的研究，我们能够全面、深刻地理解运动的本质，为培养专业素养高、技能水平优秀的体育专业人才奠定了坚实的理论基础。这些理论基础的深入应用将促使高职体育教育更好地满足社会对优秀体育专业人才的需求，为培养出色的运动员和专业教练员提供理论支持，推动整个体育行业的发展。

### （四）运动康复学的理论基础

运动康复学是一个关注运动伤害和功能障碍的领域，其理论基础涵盖多个学科，为高职体育教育提供了深厚的理论支持。解剖学和生理学是运动康复学的理论基础。通过对人体结构和生理功能的深入研究，运动康复学能够理解运动损伤对骨骼、肌肉、关节等组织的影响，以及理解康复过程中的生理变化。这为康复方案的制定和实施提供了基础，使康复措施更加有针对性和有效。生物力学是运动康复学的重要理论基础。了解运动的生物力学原理，包括力学、运动学和动力学等方面的知识，有助于评估运动损伤的程度和康复过程中的生理适应程度。生物力学理论为设计康复训练方案提供了科学依据，确保运动康复的安全性和有效性。神经科学是运动康复学的关键理论基础之一。理解神经系统对运动控制和感觉的调节作用，对于康复专业人员识别和处理神经系统相关的运动损伤问题至关重要。神经科学的理论知识有助于制订针对性的康复计划，促进神经系统的功能恢复。心理学在运动康复学中也扮演着重要的角色。了解运动康复者的心理状态、应对机制以及对康复过程的期望，有助于康复专业人员更好地进行心理干预，提升患者康复的体验和效果。心理学理论为运动康复提供了在康复过程中关注心理健康的方向。运动生理学是运动康复学的重要理论基础之一。通过了解运动对机体的生理影响，包括心血管、呼吸、代谢等方面的变化，运动康复学能够设计出科学、有效的康复训练方案，以促进机体的整体康复。医学影像学为运动康复提供了直观的信息。通过磁共振等医学影像学技术手段，康复专业人员可以准确地诊断损伤的程度，了解身体各部位组织结构的变化，为康复方案的调整提供依据。成像运动康复学的理论基础包括解剖学、生理学、生物力学、神经科学、心理学、运动生理学以及医学影像学等多个学科领域。这些理论基础为高职体育教育提供了深刻的学科支持，使康复专业人员能够科学、系统地应对运动损伤和功能障碍，提高运动康复的效果。

## 二、科学化训练在高职体育教育中的实际应用

### （一）科学化训练的实际操作框架

科学化训练在高职体育教育中具有重要的实际操作框架，为培养学生的专业素养和提升运动技能水平提供了科学的指导。这一实际操作框架主要包括对运动员的身体素质进行科学评估、制订个性化的训练计划、注重训练的系统性和渐进性、充分利用先进的技术手段，以及强调对训练效果的动态调整。科学化训练的实际操作框架要求对运动员的身体素质进行科学评估。这包括对运动员的生理、心理、技能等多个方面的综合评估，以明确其个体差异和发展潜力。通过科学评估，教练能够更准确地了解每位运动员的优势和不足，为后续的训练提供有针对性的专业指导。科学化训练强调制订个性化的训练计划。基于运动员的身体素质评估结果，教练应根据个体差异，设计符合其特点和需求的训练方案。个性化的训练计划能够更好地发挥运动员的潜力，提高训练效果，使其在竞技中更具有竞争力。科学化训练的实际操作框架还强调训练的系统性和渐进性。系统性要求训练计划要有明确的目标和阶段性计划，确保每个训练环节都有助于整体目标的达成。渐进性则要求训练强度、频率和时长逐渐递增，避免突然的过大负荷，以保障运动员的身体适应和进步。在科学化训练的实际操作中，充分利用先进的技术手段是必不可少的。现代科技的应用，如运动生物力学分析、生理监测技术、虚拟现实训练等，为训练提供了详尽的数据和信息支持。通过科技手段，教练能够直观地了解运动员的运动轨迹、生理状态，帮助调整训练方案，提高训练的精准性和效果。科学化训练强调对训练效果的动态调整。在训练过程中，教练

应不断监测运动员的表现，并根据实际情况对训练计划进行及时的调整。这包括对训练强度、频率、时长等方面的灵活调整，以确保训练一直保持在最有效的状态。科学化训练的实际操作框架要求教练在培养学生专业素养和提升运动技能水平时，注重个体差异，制订个性化的训练计划，并强调训练的系统性和渐进性，借助先进的技术手段，保障训练的科学性和高效性。

动态调整训练计划，可以确保训练一直处于最佳状态。这一实际操作框架旨在培养出色的运动员和专业运动教练员，推动高职体育教育更好地适应社会需求，提高体育专业人才的整体水平。

（二）专业技能培养与科学化训练

高职体育教育的目标之一是培养学生的专业技能，使他们在体育领域能够胜任各种工作。专业技能培养是高职体育教育的核心任务之一，需要注重科学化训练，以确保学生具备实际运用所学知识的能力。专业技能培养需要紧密结合实际岗位的需求。体育行业的多样性要求高职体育教育能够深入了解不同领域的专业技能需求，有针对性地开展培养计划，并通过与行业合作、实地调研，确保学生所学专业技能与实际工作需求紧密契合，使其毕业后能够迅速适应并胜任专业岗位。专业技能培养需要突出实践操作的重要性。理论知识的掌握是基础，但实践操作是体现专业技能的重要途径。高职体育教育应当通过实验、模拟训练、实地实习等方式，使学生能够在实际操作中不断提升专业技能。这种实践操作的训练方法有助于学生更好地理解和掌握所学内容，提高学生在实际工作中的应变能力。科学化训练是提高专业技能的有效途径。科学化训练包括合理的训练计划、先进的训练方法和科学的运动生理知识等方面。高职体育教育需要引入最新的科研成果和先进的训练技术，使学生接触到行业内的前沿知识和实践经验。通过科学化的训练，学生能够更加系统地、有针对性地提高专业技能水平。专业技能培养需要注重学生间个体差异的考虑。不同学生在专业技能方面存在差异，高职体育教育应当根据学生的个体特点和兴趣，提供个性化的培训方案。这有助于激发学生的学习兴趣和动力，提高专业技能的培养效果。实际工作经验的积累对于专业技能的培养至关重要。高职体育教育应当积极与实际工作岗位合作，为学生提供实际的工作机会，提升其实践经验。通过参与实际项目、参与实际比赛、参与体育活动的组织等方式，学生能够在实践中更好地应用所学的专业技能，培养实际工作中所需的能力。

专业技能培养与科学化训练是高职体育教育的重要任务。通过与实际岗位需求的紧密结合、注重实践操作、科学化训练、个体差异的考虑以及实际工作经验的积累，高职体育教育可以更好地实现对学生专业技能的针对性培养，使他们毕业后能够胜任复杂多样化的体育工作。

（三）实践环节设计与科学化训练

实践环节设计是高职体育教育中的关键组成部分，它直接关系到学生能否将理论知识转化为实际运用的能力。科学化训练作为实践环节的核心，要求结合课程特点和学生个体差异，以满足培养学生综合素质和提升专业技能的需求。实践环节设计首先需要全面考虑学生的身体素质和技能水平的差异化。通过对学生的生理、心理、技能等方面的综合评估，可以科学合理地确定实践环节的难度和内容。个体差异的考虑有助于制订更具针对性的训练计划，确保每位学生都能够在实践中得到锻炼和提升。实践环节设计应该注重系统性和渐进性。系统性要求实践环节具有明确的目标和计划，使学生在每个实践环节中都能够有针对性地提升相关技能。渐进性则要求实践环节的难度和强度逐渐递增，确保学生在实践中能够不断挑战自我，实现技能水平的渐进性提高。科学化训练要求实践环节更注重运动生理学和运动训练学的理论应用。通过在实践中结合这两方面的要求，教学能够更好地理解运动的生理和技术机制，指导学生合理地运用训练方法，提高运动表现。实践环节设计要将理论知识融入实际操作，使学生在实践中能够更深刻地理解理论内容。在实践环节的设计中，科学化训练还要充分利用先进的技术手段。现代科技的应用，如运动生物力学分析、生理监测技术、虚拟现实训练等，为实践环节提供了详尽的数据和信息支持。通过科技手段，实践环节能够更直观地了解学生的运动状态，提高训练的科学性和效果。实践环节设计要强调对学生实际需求的关注。考虑到学生未来可能从事的专业领域，实践环节的设计应当贴近实际职业要求和应用，提供具体、实用的训练内容。这有助于培养学生的实际操作能力，使他们能够更好地适应未来的职业发展需求。实践环节设计还要强调对训练效果的动态调整。在实践过程中，教练需要不断监测学生的表现，并根据实际情况对训练计划进行及时的调整。这包括对训练强度、频率、时长等方面的灵活调整，以确保实践环节一直保持在最有效的状态。

科学化训练在高职体育教育的实践环节设计中具有重要的地位。学校通过全面考虑学生个体差异性、系统性和渐进性的要求，结合运动生理学和运动训练学的理论知识，充分利用先进的技术手段，关注学生的实际需求，并对训练效果进行动态调整，可以使实践环节科学、系统和有效，为学生提供更具实用性和实际操作能力的体育教育。

（四）学生体能素质提升与科学化训练

在高职体育教育中，学生体能素质的提升与科学化训练密切相关。体能素质是学生整体素养的一个关键方面，而科学化训练是保障学生在训练过程中能够全面、系统、有效地提高体能素质的关键手段。学生体能素质的提升首先需要科学评估。全面、深入的身体素质测试可以客观地了解学生的运动能力、耐力、爆发力等多个方面的状况。这种科学评估为后续的科学化训练提供了基础数据，使训练更具针对性。科学化训练需要注重每个学生的个体差异。每个学生的身体素质水平存在差异，因此，训练计划应该根据个体的特点进行调整，以确保训练对每个学生都具有实际意义。这种个体化的训练设计有助于激发学生的学习兴趣和主动性。科学化训练的关键在于制订合理的训练计划。训练计划应该具有系统性，包括力量、耐力、柔韧性等多个方面的训练内容，确保全面提高学生的体能素质。训练计划还要具备渐进性，逐步增加训练强度和难度，使学生在适应的同时能够持续提高。科学化训练强调训练的系统性。将不同训练环节有机结合，形成一个系统的训练体系，可以确保学生在训练中各方面的体能素质得到充分发展。这种系统性的训练安排有助于提升学生的整体素养，提高其综合运动水平。在科学化训练中，要充分利用运动生理学和运动训练学的理论基础知识。通过深入了解运动对身体的生理变化和训练对运动水平的影响，可以科学合理地制订训练计划。理论知识的运用能够使训练更加有针对性和实效性。科学化训练还需要运用现代科技手段。运动生物力学分析、生理监测技术、虚拟现实训练等技术手段可以为训练提供更为详尽的数据和信息支持，使教练能够全面地了解学生的运动状态，指导训练的调整和优化。学校在实际操作中，要充分关注学生的实际需求。此外，科学化训练不仅要追求理论上的科学性，更要结合学生未来可能从事的专业领域，使训练内容更加实际和实用。这有助于培养学生的实际操作能力，提高其在专业领域的竞争力。科学化训练要强调对训练效果的动态调整。在训练过程中，要根据学生的具体情况和表现及时动态调整训练计划，确保训练一直保持在最佳状态，确保学生在有限的时间内取得最大的提高。

学生体能素质的提升与科学化训练密不可分。学校通过科学评估、个体化设计、合理训练计划、系统性训练、理论知识运用、科技手段运用、关注实际需求以及对训练效果的动态调整，可以使学生在高职体育教育中获得全面和科学的体能素质提升，为未来的专业发展奠定坚实的基础。

# 第二章 高职体育课程设计与创新

## 第一节 高职体育课程的现状分析

### 一、高职体育课程设置与结构的现状分析

#### （一）高职体育的课程设置的多样性

高职体育课程设置的多样性是为了满足学生的个体差异和专业需求。课程设置应综合考虑理论与实践、专业核心与拓展课程，以及不同层次的技能培养。多样性的体育课程设计有助于培养学生的全面素养，使其能够更好地适应未来的职业发展。在体育课程设计中，设计者应充分考虑学生的兴趣和专业方向，通过设置多样性的选修课程，以满足学生对不同运动项目或领域的兴趣需求，提供灵活的学习选择。这有助于激发学生学习体育的热情，培养个性化的专业兴趣。课程设置的多样性还包括理论与实践的结合。理论课程旨在传授相关知识，而实践课程则通过实际操作培养学生的技能。通过理论与实践的有机结合，学生能够更深入地理解体育理论知识，同时培养实际应用能力，使知识得以更好地转化为实际操作。专业核心课程是体育课程设置的重要组成部分。这些课程设置着重培养学生的专业基础知识和技能，使其具备从事相关职业的基本素养。专业核心课程的设置旨在确保学生在学业上具备必要的专业背景，为学生未来职业生涯打下坚实基础。拓展课程的设置也是多样性体育课程的一部分。这些课程旨在拓宽学生的视野，培养跨学科的综合素养。通过接触不同领域的知识，学生能够更全面地了解体育与其他学科的交叉点，培养综合素质和创新能力。多样性的体育课程设置还包括不同层次的技能培养。体育课程要设立基础技能课程，确保学生掌握基本的

运动技能，还要设置高级技能课程，提供深入、专业的技能培养，以满足不同层次学生的需求。多样性的体育课程设置还应考虑跨学科的融合。体育课程应与其他相关专业领域结合，将体育与健康、心理学、管理学等领域相结合，为学生提供广泛的学科知识，培养跨领域的综合能力。

高职体育课程设置的多样性是为了更好地满足学生个体差异和专业需求。通过充分考虑学生的兴趣、专业方向、理论与实践的结合、专业核心与拓展课程、不同层次的技能培养以及跨学科的融合，体育课程能够全面、灵活地培养学生的综合素养，使其具备更好的适应能力和竞争力。

（二）高职体育的课程结构的综合性

高职体育的课程结构的综合性是一个体系完备、内容丰富、能够全面培养学生综合素质的重要特征。综合性要求课程结构在学科领域上既要有专业性的深度，又要贯穿多个相关领域，形成一个有机的整体。这意味着体育课程不仅仅要注重对专业知识的深入教学，更要通过相关学科的渗透，促使学生在专业领域之外也能够有全面的知识基础。这种融合不同学科的综合性结构有助于拓展学生的思维能力，提升其跨学科应用能力。综合性要求课程结构在内容设置上既要包含基础理论，又要注重实践操作。理论性的知识能够为学生提供学科体系的框架和理念，而实践操作是将这些理论知识应用到实际问题中的重要手段。综合性的课程结构应该注重理论与实践的有机结合，通过实际操作使学生更好地理解和掌握理论知识，从而提高他们的实际应用能力。综合性要求课程结构在教学方法上要灵活多样，并对不同的学科、不同的知识内容使用不同的教学方法。综合性的课程结构应该能够运用多种教学手段，包括但不限于讲授、实验、案例分析、实地考察等，以满足不同学生的学习需求。这样灵活的教学方法有助于激发学生的学习兴趣，提高他们的学习积极性。综合性要求课程结构注重能力培养。除了传授知识外，综合性的体育课程还应该关注学生的综合素质培养，包括但不限于创新能力、团队协作能力、沟通表达能力等。这需要课程设置有意识地融入培养这些能力的环节，使学生在学科知识的同时能够全面提升个人素质。综合性要求课程结构关注社会实际需求。高职体育教育的目标是培养适应社会需求的专业人才，因此课程结构需要与体育产业和社会的实际需求保持紧密关联。这就要求高职体育课程不仅要及时更新内容，还要灵活调整结构，使之始终与社会实际需求保持一致。

高职体育课程结构的综合性是一个多方面的要求，涉及学科领域、内容设置、教学方法、能力培养和社会需求等多个方面。只有在这些方面有机地结合和协调，形成一个综合性的体系，才能够更好地实现高职体育教育的培养目标。

（三）高职体育的课程设置与社会需求的契合度

高职体育的课程设置与社会需求的契合度密切相关。课程设置应紧密结合社会对体育专业人才的需求，以培养适应社会发展要求的高素质专业人才。课程设置应当与行业需求相契合。体育产业的蓬勃发展对高职体育课程设置提出更高要求，需要学生具备更多实用性、专业性的知识和技能。因此，课程设置应当贴合体育行业的实际情况，注重培养学生在体育管理、体育科学、运动康复等方面的实际应用能力。社会对多样化运动项目的需求日益增加，因此课程设置应该涵盖丰富多样的运动项目，以满足社会对不同运动领域的专业人才需求。这要求高职体育课程不仅要有足球、篮球等传统体育项目，还要关注新兴运动和特殊群体运动，使学生具备更广泛的运动项目知识和技能。课程设置应该强化学生的实践操作能力。社会对体育专业人才的期望不仅仅停留在理论水平，更强调实际操作能力。因此，体育课程应该注重实践环节的设计，使学生能够通过实际操作掌握运动技能、培养管理能力，提高在职业领域中的竞争力。社会对跨学科综合素养的需求也愈发迫切。体育专业人才需要具备广泛的知识背景，能够在不同领域中灵活应对各种情况。因此，高职体育课程设置应该注重拓展课程的设计，引入相关的交叉学科知识，培养学生跨学科思维和创新能力。社会对体育专业人才的职业素养要求日益提高。体育从业者不仅需要专业技能，还需要良好的沟通能力、团队协作精神和领导才能。因此，高职体育课程设置应该强化学生的综合素养培养，注重培养学生的团队协作能力、沟通表达能力和创新思维。课程设置应该关注国际化视野。随着全球化的发展，体育产业也呈现出跨国性和国际化的趋势。高职体育课程设置应该具有国际化的视野，使学生具备跨文化背景下工作和合作的能力，提高其在国际舞台上的竞争力。

高职体育的课程设置与社会需求契合度紧密相连。课程设置应当紧密结合行业需求，注重多样化运动项目的涵盖，强化运动员的实践操作能力，培养跨学科的综合素养，提高职业素养和国际化视野。只有这样，高职体育教育才能更好地满足社会对体育专业人才的多元化需求，培养具有竞争力的专业人才。

（四）高职体育的学生反馈与课程优化

高职体育学生反馈与课程优化相辅相成，形成一种良性循环。学生的反馈是对课程教学效果的直观评价，而课程的优化又需要借助学生的反馈意见，不断改进。学生的反馈具有多样性和直观性。他们能够从学习过程中真实感受到课程的优劣，提供宝贵的意见。学生的反馈可以涵盖课程内容的难易程度、教学方法的适应性、实践环节的实用性等方面，为课程的优化提供了全面的参考依据。学生反馈有助于发现课程的问题和不足。学生作为课堂的参与者，能够客观地评价教学过程中可能存在的问题。他们的反馈能够帮助教师发现教学设计上的疏漏、教学方法上的不足，从而有针对性地进行课程优化。学生反馈是课程优化的有效依据。系统搜集、分析学生的反馈意见，可以形成客观的课程评估体系。教师可以据此找到问题的症结，迅速做出教学调整和优化，确保课程更好地满足学生的需求。学生反馈可以激发教师的教学热情。教学是一个相互作用的过程，学生的反馈不仅是对教学效果的评价，更是对教师工作的鼓励和激励。教师通过学生的反馈了解到自己的优点和不足，有助于更加积极主动地投入课堂教学，不断提高自身的教学水平。学生反馈与课程优化形成良性循环。课程的不断优化会进一步教学产生良好的教学效果，学生在实际学习中获得更好的体验，这激发学生的参与和反馈意愿。这样的循环过程有助于教师不断完善课程，提高教学质量，形成良好的教学生态。

高职体育学生的反馈对于课程的优化起到不可替代的作用。学生的多样性、直观性的反馈能够全面地展现课程的实际效果，发现问题，指导课程的进一步完善。学生反馈不仅有助于教师发现问题，更能够激发教师的教学热情，促使课程的不断优化，形成一个良性循环，推动高职体育教育的不断进步。

## 二、高职体育教学方法与手段的现状分析

### （一）高职体育传统教学方法的应用与限制

高职体育传统教学方法一直以来在教学实践中发挥着重要作用。然而，其应用也存在一些明显的限制。传统教学方法的应用与限制互为表里，需要我们在实际教学中审慎运用，不断改进和创新。传统教学方法的应用体现在它对基础知识的传授方面。通过传统的讲授、板书等方式，教师能够系统、有序地向学生传递体育理论知识和技能要点。这种直接而传统的方式有助于学生快速掌握基础概念，形成稳定的学科基础。然而，传统教学方法也存在一些明显的限制。传统教学方法强调的是知识的灌输，忽略了学生个体的差异和兴趣。学生的接受能力和对学科兴趣各异，传统教学方法的单一性使教师对这些个体差异的关注相对较少，难以满足学生的多样化需求。传统教学方法注重的是理论知识掌握，缺乏实际动手操作能力的培养。在高职体育教育中，实践操作能力的培养是至关重要的，而传统教学方法相对脱离了实际操作，难以真实地让学生将理论知识转化为实际运用的技能。传统教学方法过于依赖教师的一言堂式授课方法，学生被动接受知识。这种教学方式难以激发学生的学习兴趣和主动性，容易导致学生对课程内容的疏远感，降低了学习效果。传统教学方法也存在信息传递效率低的问题。传统的教学模式以课堂为主，教师在有限的时间内难以深入讲解复杂的体育理论知识和技能，导致学生对知识的理解和掌握程度不够。传统教学方法相对固定，难以适应社会发展的快速变化。在体育领域，新兴的理论和技术层出不穷，传统教学方法无法及时跟上时代潮流，使学生难以掌握最新的专业知识和技能，其局限性表现得尤为明显。

高职体育传统教学方法在基础知识传授方面具有一定优势，但也存在明显的限制。在应用这种方法时，教育者需要充分认识到其固有限制的不足，努力寻找创新和改进的途径，注重个体差异和兴趣培养，强化实践操作，激发学生的学习主动性，提高信息传递效率，并及时调整教学内容，以更好地适应社会发展的需要。只有如此，我们才能更好地发挥传统教学方法的优势，同时克服其固有的限制，为高职体育教育提供有效和可行的教学手段。

（二）高职体育教育技术的整合与创新

高职体育教育技术的整合与创新是应对当今快速发展的教育和技术环境的必然选择，它强调整合不同的教育技术工具和平台，实现资源的互通共享。将各种在线学习平台、虚拟实验室、教育游戏等技术工具整合在一起，可以创造出丰富多样化的教学资源，为学生提供个性化的学习体验。创新教学模式，借助现代技术手段拓展教学边界。传统的面对面授课模式逐渐融合了在线教学、远程协作等新型教学方式之中。视频会议、在线讨论平台等技术工具，可以实现异地学生之间的交流互动，打破地理限制，提高教学的灵活性和覆盖面。整合大数据分析和人工智能技术，实现个性化教学。通过分析学生在学习过程中的各项数据，教育者可以更好地了解每个学生的学习风格、兴趣点和学科掌握情况，从而有针对性地调整教学内容和方式，实现个性化的学习路径。创新评估和反馈机制，是借助技术手段提高评估的精准性和效率。在线测验、自动化评分系统等技术，可以及时地获取学生的全方位学习情况，为教育者提供全面反馈。借助技术手段，教育者还能够更好地实施实时监测和反馈，帮助学生及时纠正学习中存在的问题。整合虚拟现实和增强现实技术，提升实践性教学的效果。通过虚拟实验室、虚拟运动场馆等技术工具，学生可以在虚拟环境中进行实际操作，提高实践能力。这种技术整合还能够创造出更加安全和多样的实践场景，为学生提供更好的学习体验。

高职体育教育技术的整合与创新是在当前信息时代的大背景下，迎接教育变革的一种必然趋势。通过整合各类教育技术，创新教学模式、评估机制、实践性教学手段，教育乾可以更好地适应学生的多样化需求，提高教学效果，促使高职体育教育与时俱进，更好地服务于对学生综合素质的培养。

（三）高职体育的实践环节设计与实际操作

高职体育实践环节的设计需要结合学科特点，突出实际操作的重要性。设计应当贴近职业需求，注重学生动手能力的培养，倡导实际操作贯穿整个教学过程。实践环节设计不仅要关注理论知识的传授，更应强调学生在实际操作中的独立思考和问题解决能力。创新性的实践环节设计，可以更好地锤炼学生的实际操作技能，提高其职业素养。实践环节设计的首要任务是贴近职业实际需求。结合相关行业的发展趋势和用人需求，科学地设置实践环节，使学生在实际操作中能够接触和解决真实问题。这不仅能够提高学生的职业素养，更能够培养他们的实际操作能力，使他们毕业后更容易适应职业环境。实际操作环节应注重学生的动手能力培养。通过实际动手操作，学生能够更深入地理解理论知识，培养实际操作技能。在设计实践环节时，学校可以采用模拟实战的方式，让学生在真实的环境中进行操作，增加实践的真实感和紧迫感。这种设计有助于提高学生的实际动手操作能力，为他们将来顺利投入工作中奠定基础。实际操作过程应该注重培养学生的独立思考和问题解决能力。设计实践环节时，学校可以设置开放性问题，鼓励学生在实际操作中发现问题、提出解决方案。这样的设计有助于培养学生的创新思维和问题解决意识，使他们具备在职业生涯中面对挑战并迅速找到解决方案的能力。创新性实践环节设计是提高高职体育实际操作水平的重要手段。引入新颖科学的教学方法和技术手段，可以使实践环节生动有趣。例如，结合虚拟现实技术，让学生在虚拟场景中进行实际操作，增强实践的趣味性和挑战性。这样的创新性设计有助于激发学生学习的热情，提高他们对实际操作的兴趣。

高职体育实践环节设计应紧密结合职业实际需求，突出学生动手能力的培养，注重模拟实战、培养独立思考和问题解决能力，从而更好地锤炼学生的实际操作技能，提高其职业素养。此外，创新性的实践环节设计，可以使高职体育教育更加贴近职业实际需求，为学生未来的职业发展奠定坚实基础。

（四）高职体育的学生参与和反馈

高职体育学生参与与反馈是重要的任务，对于他们的全面发展和身心健康有着深远的影响。学生在体育活动中的参与是培养其团队协作精神和领导力的关键。通过参与不同类型的体育项目，学生能够建立起相互信任和合作的基础，这对于其日后的职业生涯和社交能力都具有积极的影响。体育活动是培养学生自律和坚持不懈品质的理想途径。在体育训练中，学生需要具备高度的自我管理能力，保持其训练计划的执行和体能的持续提升。这种自我驱动力不仅在体育领域发挥作用，在学业和职业生涯中同样具备重要价值。

体育活动也是锻炼学生心理素质的有效途径。面对比赛的竞争和压力，学生需要保持冷静、沉着，具备应对挑战的心理韧性。这种心理素质的培养对于他们未来的职业发展和面对生活中的各种压力都至关重要。学生通过体育活动还能够培养出色的时间管理和活动组织能力。在学业与体育之间取得平衡，需要学生合理分配时间，并充分利用每一刻。这种能力的培养将使学生在日后处理复杂任务和应对多重挑战时游刃有余。

对学校反馈的处理方式如下。关于学生的反馈，建立畅通的沟通渠道是重要的。通过与学生进行定期的座谈和讨论，学校可以更好地了解他们在体育活动中的感受和需求。这有助于学校调整训练计划，使其符合学生的兴趣和发展方向。鼓励学生提出建议和意见，使其在体育活动中发挥更大的主观能动性。学生的参与感和归属感将在这个过程中得到增强，从而积极地投入体育活动中。通过对学生的反馈进行认真分析，学校可以及时发现问题并采取有效措施加以解决。这有助于学校不断优化体育活动的组织和实施，使其更好地满足学生的需求和期望。

高职体育学生的参与与反馈是复杂而丰富的过程，涉及个体的身心健康、团队协作、自我管理、心理素质等多个方面。学校通过精心设计和有效实施体育活动，并与学生保持密切的互动，可以为他们的全面发展和未来的职业生涯奠定坚实的基础。

## 第二节　高职体育教育课程设计

### 一、高职体育的课程设计的理论基础

#### （一）教育学理论基础

高职体育教育的理论基础深植于教育学的理论框架之中。教育学理论为高职体育教育提供了重要的指导原则和方法理论，有助于更好地理解和引导体育教育实践。教育学理论的核心之一是行为主义理论。行为主义强调学习是一种对刺激和反应的习得过程，奖励和惩罚可以塑造学生的行为。在高职

体育教育中，行为主义理论可通过明确的目标设定和奖惩机制来引导学生的学习，使其在实践中逐步形成良好的运动习惯和技能。认知理论是另一个重要的教育学理论。认知理论关注学生对知识的理解和思考过程，强调学生主动参与学习的重要性。在高职体育教育中，认知理论的应用体现在激发学生自主思考、培养分析解决问题的能力上，通过引导学生思考体育理论知识的应用和实践，提高其运动技能的理论基础。社会文化理论强调社会和文化环境对学习的影响。在高职体育教育中，社会文化理论的运用可体现在强调学生在团队协作能力、集体实践中的培养以及通过体育活动传递文化价值观念等方面。这有助于培养学生的团队合作精神，提升其社会适应能力。发展理论关注学生在不同阶段发展的特点和需求。在高职体育教育中，发展理论的应用意味着学校要根据学生不同年龄段的特点，设计符合其认知和生理发展水平的教育内容和方法。这有助于更好地满足学生在成长过程中的体育教育需求。情感教育理论强调培养学生的情感素质和社会情感能力。在高职体育教育中，情感教育理论的应用可体现在关注学生的情感体验、鼓励积极情感表达，通过体育活动促进学生情感的发展，培养其对体育运动的积极态度。

教育学理论为高职体育教育提供了丰富的思想资源和方法理论支持。行为主义、认知理论、社会文化理论、发展理论和情感教育理论等多元理论的综合运用，有助于更好地指导高职体育教育的实践。在理论指导下，高职体育教育能够更科学、更有针对性地促进学生的全面发展，培养出更具专业素养和社会责任感的体育专业人才。

（二）体育学理论基础

体育学作为一门学科，有其独特的理论基础，为高职体育教育提供了深刻的理论支持。体育学理论基础建立在人体运动的生理和解剖基础之上。通过对人体运动器官、系统的研究，体育学理论为高职体育教育提供了科学的运动生理知识，有助于理解学生在体育活动中的生理变化。体育学理论基础涉及心理学领域。通过对运动心理学的研究，体育学理论揭示了运动对个体心理健康的积极影响。这为高职体育教育提供了理论依据，使教育者更好地关注学生的心理健康，通过体育活动促进学生的全面发展。体育学理论基础涵盖了教育学的内容。通过对体育教育学的研究，体育学理论为高职体育教育提供了教育心理学、教育方法学等方面的理论支持。这使高职体育教育者能够深入地了解学生的学习特点，更有针对性地制订教学计划和方法。体育学理论基础涉及社会学的层面。通过对体育社会学的研究，体育学理论揭示了体育活动对社会结构、文化传承的影响。这为高职体育教育提供了广阔的视野，使学生在体育活动中不仅能够锻炼身体，也能够更好地融入社会。体育学理论基础与管理学相结合。通过对体育管理学的研究，体育学理论为高职体育教育提供了组织、领导、计划等多方面的理论指导。这使得高职体育教育者能够更好地组织体育活动，培养学生的领导力和组织能力。

体育学作为一门综合性学科，其理论基础不仅包含了生理学、心理学、教育学、社会学等多个领域的知识，而且为高职体育教育提供了丰富的理论基础支持。这些理论基础使高职体育教育更有科学性、系统性，能够更好地指导学生的学习和发展。

（三）心理学理论基础

高职体育的心理学理论基础深植于各种心理学理论框架之中，这些理论为理解学生的心理特征、指导教育实践提供了重要的理论支持。心理学理论对高职体育教育的影响涵盖了多个层面，包括学习、发展、激励和团队协作等方面。学习理论是高职体育心理学理论基础的核心之一。行为主义理论认为学习是通过刺激和反应形成的过程，而认知理论则强调学习是一个主动的、思维的过程。在这些理论指导下，高职体育教育注重学生在实践中的经验积累，强调通过反馈和指导实现技能和知识的内化。发展心理学理论为理解学生在不同年龄段的发展特点提供了基础。从儿童到青少年再到成年的不同时期，学生的心理发展经历着不同的阶段。高职体育教育需要根据学生的发展阶段特征，合理设计课程内容和教学方法，促进学生心理素质的全面发展。动机理论对体育学习和运动参与的影响不可忽视。马斯洛的需求层次理论认为人的行为是由一系列需求驱动的，包括生理需求、安全需求、社交需求、尊重需求和自我实现需求等。在高职体育中，激发学生的学习和参与兴趣，满足其在不同阶段中不同层次的需求，对于提高学生的学习积极性和投入度至关重要。团队协作理论是高职体育教育中的又一重要方面。团队体育项目强调团队间合作、沟通和互相支持，而团队协作理论为其提供了理论基础，阐述了团队协作对个体发展和整体团队效能的积极影响。高职体育教育通过促进学生参与团队体育项目，培养学生的协作精神和团队领导能力，使其更好地适应社会团队合作的需求。情绪智力理论强调对情绪的认知和管理的重要性。在高职体育教育中，情绪管理对于运动表现和团队协作至关重要。通过培养学生的情绪智力，教育者可以帮助他们更好地处理挫折、保持冷静、提高自我激励能力。

高职体育的心理学理论基础涵盖了学习、发展、激励和团队协作等多个方面。通过运用不同的心理学理论，高职体育教育可以全面且有针对性地理解和引导学生的心理特征，使教学科学合理，促进学生心理素质的全面发展，为其未来的职业生涯奠定坚实的心理基础。

（四）教学技术与信息技术理论基础

高职体育的教学技术与信息技术理论基础构建在现代科技和教育领域的交汇处。教学技术是指运用一系列方法和手段以促进学生学习的过程，而信息技术则是指运用计算机和网络等技术手段，进行对信息的获取、传递和处理。教学技术理论基础在高职体育中的应用主要体现在教学方法和手段的选择上。通过运用各种教学技术，例如案例教学、问题导向教学、小组合作学习等，教育者能够更好地激发学生的学习兴趣，提高课堂的互动性。这为高职体育教育提供了丰富的理论支持，使教育者能够更加灵活地组织教学内容，满足学生的多样化学习需求。信息技术理论基础的运用在高职体育中体现为教学资源的数字化和网络化。通过利用互联网、多媒体技术等手段，高职体育教育者能够获取全球范围内的最新学科信息，使教学内容丰富和实时。信息技术也为学生提供了更多自主学习的机会，培养了其独立获取信息和解决问题的能力。教学技术与信息技术理论基础的整合在高职体育中有助于个性化教学的实施。通过运用信息技术，教育者能够更好地了解学生的学习状态和学习需求，有针对性地调整教学策略。个性化教学通过适应不同学生的学习风格和学科水平，提高了学生的学习效果，使教育关注个体差异化。信息技术为高职体育的实践教学提供了新的手段。通过虚拟实验室、模拟运动场馆等技术工具，学生能够在数字环境中进行实践操作，提高实践性教学的效果。这为高职体育教育者提供了创新的实践教学方法，拓宽了教育的实际应用领域。教学技术与信息技术理论基础的应用使高职体育教育注重评估和反馈。通过数字化的评估工具和在线学习平台，教育者能够及时地获取学生的学习情况，进行实时监测和反馈。这有助于教育者更好地了解学生的学习进展，提高教学的针对性和效果。

教学技术与信息技术理论基础的结合对于高职体育教育的发展起到积极的推动作用。这种整合使教育更具前瞻性、灵活性，提高了教学效果，为学生提供了更好的学习体验。

## 二、高职体育教育课程设计的实际操作

### （一）需求调查与定位

高职体育领域的需求调查与定位对于教育机构和专业发展至关重要。需求调查是为了全面了解社会和学生对体育专业人才的需求，而需求定位是在充分调查的基础上确定专业发展方向，以满足社会和行业的实际需求。需求调查是通过系统而深入的研究，以获取企业对体育专业人才需求的全貌。对社会、行业和雇主需求的调查，可以了解到体育专业人才在不同领域的就业需求，包括体育教育、体育管理、运动康复等方面。需求调查还需要调查学生对体育专业的兴趣和期望，以更好地满足学生的个体需求。在需求调查的过程中，重要的是考虑社会变革和体育产业发展对体育专业需求的影响。随着社会的不断进步和体育产业的蓬勃发展，社会对体育专业人才的需求也在不断演变。因此，需求调查应该具有前瞻性，能够预测未来社会和行业对体育专业人才的需求变化趋势。

需求定位是在需求调查的基础上，进一步确定体育专业的发展方向和培养目标。定位的关键在于明确专业的核心竞争力和独特价值，使之与其他专业有所区别。通过准确定位，高职体育教育可以更好地满足社会和学生的需求，提高专业的吸引力和竞争力。需求定位需要充分考虑体育专业的特色和优势。这可能涉及专业的课程设置、实践环节、校企合作等方面。高职体育教育应通过与社会需求和学生兴趣的结合，确定体育专业的培养目标和就业方向，使之更具针对性和实用性。需求定位还需要与行业对接，了解体育从业者的需求和行业标准。与行业的深度合作，可以让高职体育教育更好地了解行业的实际运作情况，为专业的培养目标提供切实可行的建议和调整方

案。在定位的过程中，高职体育教育还要考虑国际化的趋势。随着全球化的发展，体育产业也呈现出国际化的特点。因此，需求定位应该具备国际化的视野，使体育专业适应国际体育产业的发展需求，培养具有国际竞争力的专业人才。

高职体育领域的需求调查与定位是实现专业发展和培养目标的关键步骤。通过深入地调查，了解社会和学生需求，以及与行业的深度合作，高职体育教育可以更好地确定专业的发展方向和培养目标，为培养出适应社会和行业需求的体育专业人才提供有力支持。

（二）教学目标与任务分解

高职体育的教学目标与任务分解是教育过程中的重要环节。教学目标是教育者对学生在学科知识、技能和素养等方面所期望达到的预期结果以及对预期结果的明确描述。而任务分解是指将这些目标具体细化为具体的任务和行动步骤，为实现教学目标提供具体指导。在高职体育中，教学目标的设定首先应该基于专业培养目标，明确学生需要掌握的核心知识和技能。这些目标可能包括对运动生理学、训练方法学、运动心理学等方面的深入理解，以及实际运动操作和组织管理的技能。教育者需要将这些目标进行明确，并将其与学生未来从事相关职业的实际需求相结合。任务分解的过程需要将这些宏观目标细化为微观任务。例如，对于运动生理学的学科目标，可以通过分解为理解血液循环、呼吸系统功能等具体任务，使学生逐步深入掌握学科知识。而在实际运动技能方面，任务分解可能包括基础动作的训练、战术的实践、团队协作等多个层面。这种分解有助于学生逐步建立知识结构，形成渐进式的学习路径。分解教学目标和任务的另一个重要方面是个性化定制。由于学生在学科领域和学科深度上的差异，教育者需要根据学生的实际情况制定个性化的目标和任务。这可能涉及不同学生在某一方面的强项和弱项，需要针对性地进行任务分解，以最大程度地激发每个学生的学习潜力。任务分解也要考虑到教学过程中的实际应用场景。例如，对于团队协作的目标，任务分解可能包括分工合作、沟通协调等具体任务，以便学生在未来实际工作中能够更好地应对各种挑战。

高职体育的教学目标与任务分解是一个系统、动态和个性化的过程。它需要教育者充分考虑学科知识、实际技能和个体差异等多个因素，以科学而有效的方式引导学生完成学科学习的全过程，实现预期的教学效果。

## 第三节　信息技术在高职体育课程中的应用

### 一、信息技术在高职体育理论教学中的应用

#### （一）多媒体教学工具的运用

多媒体教学工具的广泛运用对高职体育教育产生了积极的影响。多媒体教学工具以其直观、生动、互动等特点，为高职体育教育注入了新的活力，提高了教学效果。多媒体教学工具包括图像、音频、视频等形式，这些形式的结合和呈现，可以直观地向学生展示体育理论知识和运动技能。在教学内容呈现方面，多媒体教学工具有助于提高学生对抽象理论的理解，使其更具体化、形象化。通过多媒体教学工具，教育者可以将实际运动过程更形象地呈现给学生，提供生动的案例和实例，帮助学生更好地理解体育理论知识。这种更直观的展示方式不仅能够激发学生的学习兴趣，也有助于深化他们对体育知识的印象和理解。多媒体教学工具还可以丰富课堂互动。通过多媒体教学工具在课堂上展示图像、视频，并配以适当的音频解说，教育者能够引导学生参与讨论、提出问题，促使学生积极参与学习过程。这种互动的教学方式有助于培养学生的思考能力和团队合作精神。在体育技能培训方面，多媒体教学工具同样发挥了积极作用。通过展示运动技能的正确动作、技巧要点，多媒体教学工具有助于帮助学生正确理解和掌握运动技能，提高其实际操作水平。这为学生提供了直接、可视化的学习体验，有助于他们更快地掌握运动技能。多媒体教学工具的运用还可以促进学科知识和实际运动的有机结合。通过将理论知识与实际运动场景相结合，教育者可以更好地引导学生将理论知识应用到实践中，使学科知识更具实用性和操作性。在课堂外学习方面，多媒体教学工具为学生提供了更多的自主学习资源。学生可以通过多媒体教学工具随时随地获取学科知识和技能培训的内容，提高学习的灵活性

和自主性。这有助于培养学生的自主学习能力和信息获取能力。

多媒体教学工具的广泛运用为高职体育教育注入了新的教学理念和方法。通过直观、生动、互动的展示方式，多媒体教学工具有助于提高学生对体育理论和技能的理解和掌握。多媒体教学工具也为学生提供了更灵活、自主的学习途径，促进了教育资源的共享和互动。

（二）在线资源与数字化学习平台

高职体育领域的在线资源和数字化学习平台为教育提供了丰富的可能性。数字化学习平台的应用为高职体育教育带来了便捷和灵活的学习方式。学生可以通过电脑、平板或手机随时随地访问学习资源，提高了学习的灵活性和便捷性。数字化学习平台为高职体育提供了更为多元的学习资源。在线视频、电子图书、虚拟实验室等丰富的数字资源可以为学生提供多样化的学习材料，丰富了教育内容，拓宽了学科知识面。这种多元化的学习资源不仅丰富了学生的知识储备，也促进了他们对不同学科的深入了解。数字化学习平台有助于高职体育教育的个性化发展。平台可以根据学生的学习情况和兴趣爱好，提供个性化的学习建议和资源推荐。这种个性化的教学模式有助于激发学生学习兴趣，提高学习的积极性。数字化学习平台为高职体育提供了在线测验和评估的机会。教育者可以通过平台设置在线测验，及时获取学生的学习情况，实现教学效果的动态监测。这种及时的评估有助于教育者根据学生的实际情况进行有针对性的调整教学内容，提高教学的针对性和灵活性。数字化学习平台还为高职体育的实践教学提供了便利。通过虚拟实验室、模拟训练等技术工具，学生可以在数字环境中进行实际操作，提高实践性教学的效果。这为高职体育教育者提供了更多创新的实践教学方法，使教学更贴近实际应用。

数字化学习平台和在线资源的应用为高职体育教育提供了广阔的发展空间。这种数字化的教学方式不仅提高了学习的灵活性，也促进了教育内容的多样化和个性化。数字化学习平台为高职体育教育注入了新的活力，使教育更具科技感，更贴近学生的实际需求。

（三）虚拟实验室的建设与应用

在高职体育理论教学中，虚拟实验室的建设与应用是一项创新性的举措。虚拟实验室可以打破理论传统教学的限制，提供更为灵活、直观的学习方式。虚拟实验室不仅能够让学生在模拟环境中进行实验，深化对理论知识的理解，还能够激发学生的学习兴趣，使他们更主动地参与体育理论学科的学习。虚拟实验室的建设是借助现代科技手段，将体育理论教学引入虚拟化环境的一种有效途径。通过数字化技术，虚拟实验室可以模拟出各种实验场景，让学生在虚拟环境中进行理论实验，感受真实实验的过程。这种建设不仅可以丰富体育理论学科的教学内容，更能够提高学生对理论知识的领悟程度，使其更深入地理解体育理论知识的实际应用。学校在应用虚拟实验室进行高职体育理论教学时，应注重实际操作的设计。学校通过设置具体的虚拟实验场景，让学生在模拟环境中进行操作，加深对理论知识的理解。这样的设计有助于提高学生的实际动手能力，使他们更好地掌握体育理论知识，并将其运用到实际中。虚拟实验室的应用还可以激发学生的学习兴趣。相比传统的理论教学方式，虚拟实验室更具趣味性和挑战性。通过在虚拟环境中进行实验，学生可以更好地感受理论知识的实际应用，增加学习的乐趣。这种激发学生兴趣的方式有助于提高学习积极性，使学生更主动地参与体育理论学科的学习。虚拟实验室的建设还可以促进高职体育理论教学的创新。学校通过不断更新虚拟实验场景和教学内容，使体育理论教学贴近实际需求，符合行业发展趋势。这种创新性的教学方式有助于培养学生的创新思维和问题解决能力，使其更具竞争力。

虚拟实验室的建设与应用为高职体育理论教学带来了新的可能性。学校通过数字化技术，将理论知识引入虚拟化环境，可以让学生灵活、直观地进行学习。实际操作设计、学习兴趣激发、创新性教学方式等因素的推动，使虚拟实验室成为提升高职体育理论教学质量的有力工具，为学生的理论知识学习提供了丰富和有效的途径。

（四）智能化教学辅助工具的运用

智能化教学辅助工具在高职体育理论教学中的应用是当今教育领域中的一项重要趋势。借助先进的科技手段，教育者能够全面、深入地引导学生理解体育理论知识，提高学习效果。智能化教学辅助工具的运用既是一种创新，也是对传统教学方式的有益补充。智能化教学辅助工具不仅可以提供生动直观的教学资源，还能够个性化地满足学生的学习需求。通过这些工具，学生可以根据自身的学习进度和学习兴趣选择合适的学习路径，实现因材施教。这种个性化的学习方式有助于激发学生的学习兴趣，提高学生的学习动力。教学辅助工具的互动性也使学生在学习体育理论知识时能够参与其中。通过模拟实验、虚拟案例分析等方式，学生能够在虚拟环境中体验和探索，从而更深刻地理解理论知识。这样的互动性不仅增强了学生的学科认知，还培养了他们的团队协作和问题解决能力。智能化教学辅助工具的数据分析功能为教育者提供了全面的学生信息。通过分析学生的学习数据，教育者可以更准确地了解每个学生的学习情况，及时发现并解决问题。这有助于教育者展开个性化辅导，使每个学生都能够得到有效地指导和支持。在高职体育理论教学中，智能化教学辅助工具还能够打破时空限制，实现异地同步学习。学生可以通过在线平台随时随地获取教学资源，参与在线讨论，与其他学生进行交流。这种灵活的学习方式有助于学生培养独立学习能力，提高信息获取和处理的效率。智能化教学辅助工具的运用也推动了高职体育理论教学的深度融合。通过将虚拟实验、模拟案例等元素融入传统教学，教育者能够生动地呈现抽象的理论知识，提高学生的理解和记忆效果。这种融合不仅使教学内容更贴近实际应用，也符合学生对于多样化学习体验的需求。

智能化教学辅助工具的运用为高职体育理论教学注入了新的活力。通过个性化学习、互动性教学、数据分析等手段，教育者能够更好地满足学生的学习需求，提高教学效果。这种教学模式的不断完善和发展将推动高职体育理论教学向更深层次、更宽领域的方向发展。

**二、信息技术在高职体育实践操作中的应用**

（一）信息技术在高职体育教学中的应用

信息技术在高职体育教学中的应用不仅是顺应时代潮流的需求，更是推动教育体制变革、提升教学质量的一项迫切任务。在信息技术迅速发展的今天，高职体育教学应当积极借助先进的技术手段，将其融入教育体系。这种融合背景下，信息技术不仅为高职体育教学提供了更广阔的空间，更为学生的全面发展和未来职业成功奠定了坚实基础。信息技术的广泛应用，为高职体育教学提供了全新的学习方式和教学手段。传统的体育教学以面授为主，受限于时间和空间，难以满足学生多样化的学习需求。而信息技术的介入，使高职体育教学灵活，通过网络平台、在线课程等方式，让学生随时随地进行学习。这种灵活性为学生提供了更多的学习机会，使他们能够更好地融入学科知识的学习中，促进个体发展。信息技术在高职体育教学中的应用意味着丰富多样的教学资源。传统的体育教学往往受限于实际场地和设备的限制，无法提供多样性的学科内容。而借助信息技术，体育教学可以通过虚拟实验、多媒体教材、在线资源等方式，为学生呈现生动、立体的学科知识。这种多样性的学习资源不仅能够激发学生学习的兴趣，还有助于培养他们的创新思维和问题解决能力。信息技术在高职体育教学中的应用还能够提升教学的互动性和参与性。在传统的体育教学中，学生的参与往往受限于教学模式和教室环境。而信息技术的引入，可以通过在线讨论、虚拟实验等方式，促进学生之间的交流与合作。这种互动性的提升有助于培养学生的团队协作精神和领导力，使他们更好地适应未来职业的发展需要。信息技术在高职体育教学中的应用，更加符合社会发展的趋势，使学生更好地适应未来职业的需求。随着信息技术的飞速发展，社会对于具备数字化素养的人才需求不断增加。高职体育教学借助信息技术的力量，不仅可以培养学生对于体育学科的深刻理解，更能够培养他们的信息素养，使他们在未来职场中更具竞争力。

在高职体育教学中，信息技术的应用具有深远的意义。它不仅丰富了教学手段，提升了教学质量，更为学生提供了更为灵活和便捷的学习机会。信息技术的融入，让高职体育教学更贴近实际需求，更符合时代潮流。这不仅是一种技术创新，更是对传统体育教育的深刻革新，为学生的全面发展和未来职业成功奠定了坚实基础。

（二）信息技术在体育训练中的应用

信息技术在高职体育实践操作中的应用，为体育训练注入了新的活力。这种应用不仅提高了训练的科学性和效率，也丰富了训练过程中的体验。信息技术在体育实践操作中的运用，使训练计划更加灵活多样。通过利用虚拟现实技术，训练者能够模拟各种场景，使运动员能够在虚拟环境中接触到更多的挑战，提高应变能力。信息技术的应用还能够实现训练计划的实时调整，根据运动员的实际表现和身体状况进行针对性调整，使训练更具针对性和灵活性。信息技术的运用提高了体育实践操作的效益。通过运用先进的运动监测设备，训练者能够对运动员的运动姿势、力量输出等多个方面进行全面监测。这种数据的采集和分析，有助于深入地了解运动员的优势和不足，为训练提供更为科学准确的依据。信息技术的运用也使得训练效果的评估更加客观，为制订更科学的训练计划提供了可靠的数据支持。信息技术在实践操作中还为运动员提供了更加个性化的训练方案。通过运用智能化设备和软件，训练者能够根据运动员的个体特点，制订出更符合其需求的训练计划。这种个性化的训练方案不仅提高了运动员的训练兴趣，也更好地满足了其个性化的成长需求。信息技术的应用丰富了体育实践操作的体验。运动员在训练中可以通过虚拟现实设备体验各种运动场景，增加训练的趣味性和挑战性。这种丰富的体验不仅提高了运动员的参与度，也激发了他们的学习热情。信息技术的应用还可以将训练过程中的数据以图表、图像等形式直观呈现，使得运动员容易理解和接受训练内容。

信息技术在高职体育实践操作中的应用为体育训练带来了全新的可能性。通过灵活的训练计划、科学的数据分析、个性化的训练方案以及丰富的体验，信息技术的运用使得训练更具科技感、趣味性和实效性。这种变革将为高职体育领域带来深刻影响，推动其向着科学、个性化和智能化的方向迈进。

（三）信息技术在体育竞赛中的应用

信息技术的广泛应用已经深刻影响了高职体育实践操作，尤其在体育竞赛中的应用更是彰显出其巨大的价值。信息技术不仅使得体育竞赛的组织更为高效，也为运动员的实践操作提供了更为科学的支持。在高职体育实践操作中，信息技术的融入促使了竞赛水平的提升，也为体育专业学生的职业发展打下了坚实基础。信息技术在体育竞赛组织方面发挥了重要的作用。数字化的比赛管理系统可以精准地规划和安排比赛日程，确保比赛的有序进行。电子计时、计分系统的应用使得比赛结果准确，消除了人为因素的影响，为运动员提供了一个公平竞技的环境。这种高效的组织方式不仅提高了比赛的观赏性，也为运动员提供了更好的竞技体验。信息技术的应用也使得体育竞赛的实践操作科学化。传感器、监测设备等先进技术可以实时记录运动员的运动轨迹、身体指标等数据，为教练提供科学依据，制订更加个性化和精准的训练计划。这种数据化的实践操作有助于运动员深入了解自身状态，从而有针对性地进行调整和提高。信息化的视频分析系统可以对比赛录像进行深入剖析，挖掘运动员的优势和不足，为其实战中的改进提供有力支持。在高职体育教育实践操作中，信息技术的应用为体育专业学生提供了广泛的职业发展空间。学生通过参与体育竞赛，可以接触和运用各类信息技术，提高他们在竞技体育领域中的综合素质。学生在实践中通过应用信息技术，不仅能够提升实际操作技能，还能培养创新思维和问题解决能力。这为他们将来在体育行业中的职业发展提供了坚实的基础。

信息技术在体育竞赛中的应用不仅带动了竞技体育的进步，也激发了高职体育实践操作的创新活力。通过数字化管理、科学化实践、职业发展的多方面应用，信息技术为高职体育实践操作注入了新的活力和动力。这不仅使得实践操作现代化和科学化，也为体育专业学生提供了机会和挑战，使他们在竞技体育领域中有竞争力。

（四）信息技术在体育康复与健康管理中的应用

信息技术在高职体育实践操作中的应用为体育康复与健康管理带来了新的可能性。这种应用不仅提高了康复和健康管理的效率，也为个体提供了更为个性化和精准的服务。信息技术的运用使得康复过程更加科学，通过运用先进的生物传感器和智能监测设备，康复者的生理数据能够被实时收集和监测。这些数据为康复专业人员提供了客观的依据，有助于其更准确地评估康复者的身体状况和康复进展。信息技术还能够在康复者的移动设备上提供实时反馈和指导，使得康复者在日常生活中能够更好地遵循康复计划，提高自主康复的效果。信息技术的运用也推动了康复与健康管理的个性化发展。通过对大量康复数据的分析，康复专业人员能够更好地理解个体差异，制定更贴近康复者需求的个性化康复方案。这种个性化的康复方案不仅提高了康复的效果，也增强了康复者对康复过程的参与度和信心。信息技术的应用使得康复者能够随时随地获取相关的康复信息和健康管理建议。通过智能手机应用、在线平台等渠道，康复者可以方便地获得康复指导、运动建议等信息，促使他们更主动地参与康复过程。这种便捷的获取方式不仅提高了康复者的满意度，也加强了他们对康复的积极性。信息技术在康复与健康管理中的应用还有助于建立全面的康复档案。通过将康复过程中的数据存储和分类管理，康复专业人员能够更好地跟踪康复者的康复历程，及时发现问题并进行调整。这种档案管理不仅有助于康复者的个体化康复，也为研究康复效果提供了可靠的数据支持。

信息技术在高职体育实践操作中的应用为体育康复与健康管理注入了新的活力。通过实时监测、个性化服务、便捷信息获取和康复档案管理等手段，信息技术的应用提高了康复与健康管理的科学性和效能。这种趋势将推动康复与健康管理领域深入地融合科技，实现智能、个性化和全面的康复服务。

# 第三章  高职体育教师培训与发展

## 第一节  高职体育教师培训的必要性与挑战

### 一、高职体育教师培训的必要性

（一）社会需求与发展背景

社会的快速发展对高职体育教师的培训提出了更为迫切的需求。随着社会对体育健康意识的提升，人们对于专业、高水平的体育教育提出了更高的期望。体育教师作为培养未来体育专业人才的重要力量，面临着应对多样化社会需求的挑战。传统的教学方法和理念逐渐不再能满足现代学生的需求，因此，高职体育教师培训的紧迫性愈发显著。在信息技术高度普及的今天，社会对高职体育教师的培训更加注重实际应用和技术水平的提升。体育教育不仅需要简单的传授知识，更需要教师具备先进的教学技术和创新能力，以适应社会对于体育教育的新需求。社会对于跨学科知识的需求不断增加，因此，体育教师需要具备广泛的知识储备和能力，以更好地融入跨学科教学的潮流。社会对体育教育的需求不断演变，不再仅仅关注传统的体育竞技，更注重培养学生的全面素质。因此，高职体育教师培训需要更强调综合素养的培养，使教师能够全面地关注学生的身心健康和全面发展。培训还应注重培养教师的团队协作和沟通能力，以使其更好地适应多元合作的教学环境。社会对高职体育教师的培训也受到经济发展和体育事业的推动。体育事业的兴起带动了对高水平体育教育人才的需求，因此，培养具备先进教学理念和方法的体育教师成为社会的紧迫任务。随着经济的发展，社会对于体育教育的投入逐渐增加，需要更多高素质的体育教师参与教育事业，提高整个体育教育水平。社会对体育教育的需求还体现在对教育公平的追求上。高职体育教师培训需要关注教育资源的合理分配，以确保每个学生都能够享有高质量的体育教育。培训教师需要更好地关注学生的差异化，采用差异化教学方法，满足不同学生的需求，推动教育的普及和提高。

高职体育教师培训是社会需求和发展背景的产物，是适应当代教育要求的必然选择。培训应关注教师实际应用和技术水平的提升，强调跨学科知识的传授，注重综合素养和团队协作的培养，适应体育事业和经济的发展趋势，同时关注教育公平，以更好地满足当代社会对于高职体育教育的需求。

（二）专业知识与教学技能提升

在高职体育领域中，体育教师的专业知识与教学技能的提升至关重要。教育是一项复杂而动态的任务，要求教师不断发展他们的专业素养，以更好地满足不同学生的需求。高职体育教师培训应该强调多方面的专业知识和教学技能，以确保他们在不断变化的教育环境中取得成功。专业知识的提升对于高职体育教师至关重要。这包括对体育科学、运动生理学、心理学等领域的深入了解。体育教师不仅需要具备广泛的运动知识，还要能够将这些知识与教学实践相结合，以更好地理解学生的需求和特点。此外，在不断更新的体育科技中，教师还应保持对新技术以及技术研究的关注，以保持其专业知识的前沿性。高职体育教师培训应注重培养教学技能。这不仅包括传统的教学方法，还涉及创新教学策略的应用。教师需要学会灵活运用各种教学工具，如信息技术、虚拟实验室等，以提高教学效果。培训还应强调团队协作和沟通技能，使教师能够更好地与同事、学生和家长进行有效的沟通。高职体育教师培训还应关注实际教学经验的积累。理论知识虽然重要，但真正的教学艺术往往需要通过实践来培养。培训应该包括实地观摩、模拟教学和实际授课等环节，以帮助教师更好地应对各种教学挑战。实际经验的积累有助于教师更好地理解学生的反应和需求，从而更为灵活地调整教学策略。培训还应重视教育心理学的知识。了解学生的心理发展、学习风格和需求对于制订个性化的教学计划至关重要。教育心理学知识有助于教师更好地理解学生的行为，更有针对性地进行教学设计。这样的知识将使教师能够在教学中建立积极的师生关系，提高学生的学习兴趣和动力。高职体育教师培训还应关注学科整合和跨学科合作。体育教育往往需要与其他学科相结合，培训应该强调在课程设计和实施中如何整合多学科知识。这有助于提高学生对体育的整体理解，培养跨学科思维能力。与其他学科的合作也有助于形成更全面的教育团队，共同促进学生的全面发展。

高职体育教师的专业知识与教学技能的提升是一个综合性的过程，需要全方位的培训。只有在专业知识、教学技能、实际经验、教育心理学和学科整合等方面都得到全面的提升，体育教师才能更好地应对不断变化的现代化教育环境，为学生提供更优质的体育教育。

（三）教育理念与现代教育要求

教育理念与现代教育要求高职体育教师培训是一项需要紧密结合的重要任务。现代教育的要求日益呈现出多元化、个性化、综合化素质培养等特点，体育教育在这个迅速发展的背景下也必须顺应潮流，紧跟时代发展，使教育理念更加现代化，更好地服务学生的全面成长。在教育理念方面，高职体育教师培训需要注重培养教师的"人本主义"思想。这意味着教师要坚持以人为本的原则，关注学生的全面发展和个性特点，注重培养学生的创新思维和团队协作能力。教育不仅是知识的灌输，更是塑造个体的人格、引导学生发展出良好的价值观和品德的过程。现代化教育要求对高职体育教师培训更加注重学生的主体性和参与性。培训教师需要具备引导学生主动学习的能力，激发他们的学习兴趣和学科热情。教育者应当以引导者的身份，引导学生参与学科学习，使他们在参与中感受到学科的魅力。在综合素质培养方面，高职体育教师培训需要更加注重培养学生的创新思维和实践能力。现代社会对于创新型人才的需求日益迫切，体育教育也不例外。培训教师要注重培养学生解决问题的能力，激发他们对于创新的热情，使其具备在实际工作中灵活运用已掌握知识的能力。高职体育教师培训还需要关注学科知识的深度和广度。现代社会对于专业素养的要求越来越高，培训教师要不断更新学科知识，了解最新的研究成果和发展趋势。只有在学科知识的基础上，教育者才能更好地指导学生进行深入的学科研究和实践活动。在教学方法方面，高职体育教师培训需要更加注重因材施教。培训教师应当灵活运用不同的教学方法，根据不同学生的个性特点和学科特性进行差异化的教学设计，使每个学生都能够得到更好的教育效果。培训教师还应鼓励学生主动参与教学，培养他们的自主学习和团队协作能力。

高职体育教师培训要符合现代教育要求，注重培养教师的人本主义思想、学科知识深度和广度、学生的主体性和参与性、创新思维和实践能力。培训教师需要在教育理念和教学方法上进行创新，使其更好地适应当代社会的发展趋势，为学生提供优质的体育教育服务。

（四）学科融合与跨学科教学

在高职体育教师的培训中，学科融合与跨学科教学是至关重要的一环。这一理念旨在打破传统学科界限，促使不同学科之间的知识和技能相互渗透，为学生提供更全面、综合性的学习体验。高职体育教师在学科融合与跨学科教学方面的培训应该注重拓宽视野。传统的学科划分在某种程度上限制了学生对知识的深度探索，而学科融合有助于打破这一限制。教师需要在培训中学会将不同学科的知识融入体育课程中，使学生能够全面地理解体育的本质和意义。培训还应注重如何将学科融合与实际教学相结合。理论知识的学科融合需要在实际教学中找到具体的应用方法。培训应该强调教师如何设计跨学科的教学活动，使学生在实际操作中能够体验到不同学科之间的关联性，提高他们的学科整合能力。在学科融合的基础上，高职体育教师的培训还应关注跨学科合作。教师需要学会与其他学科的教师紧密合作，共同设计和实施跨学科项目。这种合作不仅有助于拓宽学科边界，还可以激发教师和学生的创造力，促使他们在不同学科中寻找共同点和相互补充之处。培训还应强调如何在跨学科教学中培养学生的综合素养。学科融合和跨学科教学的目标之一是培养学生的跨学科思维能力。高职体育教师在培训中需要学会设计出能够激发学生综合素养的教学活动，使他们能够更好地应对未来的职业挑战。学科融合与跨学科教学的培训还应注重教师的自我发展。教育领域的不断变革要求教师不断更新自己的知识和技能。培训应该为教师提供持续学习的机会，使他们能够紧跟学科发展的脚步，不断提高自己的专业水平。

学科融合与跨学科教学的培训对于高职体育教师的专业发展至关重要。培训应该使教师在实际教学中能够有机地将不同学科的知识融合，进一步促使学生形成全面的认知结构，通过跨学科合作培养学生的综合素养，使其具备更强的适应未来社会变革的能力。培训也应关注教师的自我发展，使其能够不断适应学科发展的需求，为学生提供富有创造力和应变能力的教学。

## 二、高职体育教师培训的挑战

### （一）变革的教育理念与传统观念的冲突

教育领域的变革理念与传统观念之间的冲突，在高职体育教师培训中表现得尤为明显。传统观念强调传统的教学方式和教育模式，注重知识传授和纪律管理；而变革的教育理念更强调学生主体性、实践性和全面素质的培养。这种冲突使得高职体育教师培训面临着如何平衡传统观念与变革理念的问题。传统观念注重的是教师的权威性和学科知识的传授，侧重于纸上谈兵，忽视学生的实际能力培养；而变革的教育理念更强调学生的参与性和实践性，倡导通过实际操作和项目开展来培养学生的创新和实践能力。这种冲突导致了高职体育教师培训需要重新审视并调整教育目标和手段。在培训方式上，传统观念偏向于传统的课堂教学，注重理论知识的灌输。而变革的教育理念倡导多元化的教学方式，强调实践操作和案例教学。这种冲突要求高职体育教师培训采用更灵活、多样的培训方式，使培训更符合现代学生的学习需求。在教育评价上，传统观念倾向于通过考试和成绩来评价学生的学业水平，忽视对学生综合素质和实际能力的全面评价。变革的教育理念强调综合素质的培养，倡导通过项目评估和实际表现来全面评价学生。这种冲突要求高职体育教师培训重新审视和完善评价体系，使之符合变革理念的要求。在师资队伍建设上，传统观念认为教师的专业知识足够，培训主要是知识传授和技能培养。而变革的教育理念认为教师需要具备更多的教育心理学、沟通技能等综合素质理念基础，强调培训教师的全面素养。这种冲突要求高职体育教师培训注重提升教师的综合素养，促使其更好地适应变革的教育环境。在学科知识体系上，传统观念更侧重于学科知识的广度，忽视学科知识的深度和实际应用。而变革的教育理念认为学科知识需要更深入地理解，注重学科知识的实际运用。这种冲突要求高职体育教师培训重新审视学科知识的体系，更注重实际应用和跨学科的融合。

高职体育教师培训面临着传统观念与变革理念的冲突，需要通过调整教育目标、培训方式、评价体系、师资队伍建设和学科知识体系等方面的问题，寻求一种平衡点，使教师培训更符合当代社会对于高职体育教育的要求。这种调整和变革旨在培养更符合现代社会需求的高职体育教师，使其更好地适应多元、个性化、综合素质培养等现代教育的发展趋势。

（二）科技与信息技术的快速发展

在高职体育领域中，科技与信息技术的快速发展对体育教师的培训提出了新的挑战与机遇。科技的不断进步不仅改变了人们的生活方式，也深刻影响了体育教育的方式和手段。体育教师在培训中需要紧跟科技潮流，适应信息技术的应用，以更好地满足学生的需求和提升教育质量。科技的快速发展为高职体育教师提供了更广阔的教学资源。通过互联网和数字技术，教师可以轻松获取到丰富的教育资源，包括教学视频、虚拟实验室、在线课程等。这为教师提供了更多样化、生动有趣的教学手段，使学生在体育学科中能够更好地理解抽象的理论知识。信息技术的广泛应用为高职体育教师提供了更高效的教学工具。运动追踪设备、虚拟现实（VR）和增强现实（AR）技术等的引入，使体育教学直观、实用。这些工具有助于教师清晰地了解学生的运动表现，为制订个性化的教学计划提供了有效的数据支持，提高了教学效果。科技的飞速发展推动了体育教育的创新。通过在线平台，教师能够与同行进行交流、分享教学经验，共同研究课程设计、教学方法等。这种协作机制有助于形成更为丰富、多元的教育理念，提高整个行业的水平。科技的创新也激发了教师的创造力，促使他们开发出更富有创意和趣味性的教学内容，使学生更主动地参与学习。科技与信息技术的快速发展也提醒高职体育教师应不断提升自己的数字素养。教师需要熟练掌握信息技术工具的使用，了解新兴科技在体育教育中的应用。只有具备良好的数字素养，教师才能更好地利用科技教学手段为学生提供丰富、深入的学习体验。

在科技与信息技术快速发展的背景下，高职体育教师培训不仅仅是传授理论知识，更要注重教师的实际操作技能。培训应该为教师提供丰富的实践机会，让他们能够在实际教学中灵活运用信息技术，培养创新的教学方法，提高学生的学科素养。科技与信息技术的飞速发展为高职体育教师提供了前所未有的机遇。在培训中，教师应紧跟科技发展的步伐，深入理解信息技术在体育教育中的应用，提高自己的数字素养。培训还应注重对学生实际操作技能的培养，使教师能够灵活运用科技手段，提升教学质量，为学生提供更富有创意和趣味性的学习体验。

（三）跨学科与综合素质的需求

高职体育教师培训面临着跨学科与综合素质的双重需求，这体现了社会对于体育教育的新期望。传统体育教育模式的单一学科知识已不能满足当代社会的复杂需求，而现代社会对高职体育教师的期望更为广泛，不仅要求其具备深厚的体育专业知识，还需要具备跨学科的能力，同时注重培养学生的综合素质。跨学科的需求使得高职体育教师需要拓展自己的知识领域。传统体育教育往往只注重体育专业知识，而现代化社会对于跨学科知识教育的需求日益增长。高职体育教师需要深入了解相关领域的知识，如心理学、教育学、社会学等，以更好地理解学生的需求，更好地促使学科知识与其他学科知识的融合。综合素质的培养成为高职体育教师培训的新重点。传统体育教育更注重学生的专业技能培养，而现代社会对学生的全面发展提出更高要求。高职体育教师需要通过培训更好地理解和实践综合素质的培养，注重学生的创新能力、团队协作能力、沟通能力等综合素质的提升，以更好地服务于学生的全面成长。在满足跨学科与综合素质需求的同时，高职体育教师还应在培训中注重教学方法的创新。传统的体育教学模式往往注重理论知识的传授，忽视跨学科和综合素质的培养。现代社会需要高职体育教师更加注重实践性、实用性，更灵活运用各种跨学科的知识和综合素质的培养方法，使教学更具有现代性。高职体育教师培训中，跨学科的需求不仅是学科知识的跨足，更是强调不同学科之间的融合。不同学科之间的关联性往往能够为学生提供更为全面的视角。高职体育教师需要在培训中学会运用跨学科的知识来解决实际问题，提高教育的实际应用性。

高职体育教师培训中，对综合素质的培养需求不仅包括学生个体的综合素质培养，更涉及学生群体的协同发展。高职体育教师需要培养学生团队协作的能力，使其在未来工作中更好地适应多元化的社会环境。此外，高职体育教师培训需要更注重跨学科知识的融合和对其综合素质的培养。这种培训不仅要求高职体育教师拥有更宽广的知识面，更要求他们能够将不同领域的知识有机结合，形成综合的教学理念和实践方法。通过这样的培训，高职体育教师能够更好地适应现代社会对于综合素质和跨学科能力的需求，为学生的全面发展提供有力支持。

（四）学科融合与团队合作

在高职体育教师的培训中，学科融合与团队合作是不可或缺的重要元素。学科融合强调各学科之间的内在联系，通过整合知识资源，使教学丰富全面。而团队合作强调协同互助，通过共同努力，达到更大的教学效果。这两者的有机结合，有助于培养高职体育教师更能适应复杂教学环境的能力，提升其综合素质。学科融合在高职体育教师培训中的作用不可忽视。体育不再是孤立的学科，而是与其他学科融合的学科，与其他学科共同形成完整的知识体系。学科融合强调的不仅是专业体育知识，还包括了生命科学、社会科学、人文艺术等多学科知识的整合。这为高职体育教师提供了宽广的视野，使其能够更好地理解学科之间的相互关系，促使学科之间的互通有无，使学生能够全面地理解体育学科。团队合作在高职体育教师培训中同样占据着重要地位。体育教学涉及多方面的知识和技能，一个教师很难涵盖所有领域。通过团队合作，不同领域的专业人员可以共同参与教学活动，形成一个有机的团队。这不仅有助于教师在团队中互相学习，还可以充分发挥每个成员的专业特长，提高整个团队的教学水平。团队合作还能够在教学过程中创造丰富的教学环境，使学生能够从不同的角度感受知识的深度和广度。学科融合与团队合作的有机结合将使高职体育教师更好地适应现代教育的需求。在学科融合的背景下，团队合作不再仅仅是在同一学科中的合作，更是不同学科之间的跨界合作。这使体育教学可以全面地关照学生的发展需求，培养学生综合素质。在高职体育教师培训中，学科融合与团队合作的实施需要教师具备更高的综合素养。教师需要具备深厚的体育知识，同时还要拓展其他学科领域的知识。他们还需要具备团队领导和协作的技能，促进团队成员之间的合作。这不仅需要教师不断提升自己的专业素养，还需要注重团队沟通协作技能的培养，使团队能够更好地协同工作，实现更高水平的教学质量。

学科融合与团队合作是高职体育教师培训中重要的环节。各学科知识通过融合，形成学科之间的互通有无，使教学全面。团队合作则通过共同努力，充分发挥团队成员的专业特长，提高整体教学水平。这两者的结合将使高职体育教师更好地适应现代教育的需求，培养出具有综合素质的学生。

## 第二节　高质量高职体育教师的培养路径

### 一、学科知识与专业素养的深度培养

（一）学科知识的系统学习

高职体育教师的系统学习学科知识是培养学生全面发展的关键环节。体育教育作为一门综合性的学科，需要教师具备深厚的专业知识，从而更好地引导学生在运动、健康、心理等多方面得到全面的发展。系统学习体育学科知识首先要注重基础理论的建构。教师需要对运动生理学、运动心理学、运动训练学等基础理论有着深入的了解，形成完整的理论体系。只有对基础理论有着系统的学习，教师才能准确地理解运动过程中的变化和规律，为学生提供科学指导。系统学习还需要关注实践操作方面的知识。理论知识固然重要，但只有结合实际操作，教师才能更好地应用理论知识灵活指导学生的运动实践。在体育教育中，教师需要深入了解各种运动技能的教学方法，了解运动的基本规律，使理论与实践相辅相成，形成对学科知识的全面认知。体育教育的综合性要求教师要系统学习多学科知识。体育并不是孤立存在的学科，它与生命科学、社会科学等多个学科密切相关。教师需要通过系统学习，将不同学科的知识进行整合，形成更为综合性的体育教育理念。只有在多学科知识的系统学习中，教师才能更好地促使学生在体育实践中形成全面的素质。在系统学习学科知识的过程中，教师需要时刻关注知识更新。体育领域是一个不断发展的学科，新的研究和发现层出不穷。教师只有保持对新知识的敏感性，不断进行自我学习，才能在教学中将最新的科研成果引入实践，提高自己的教育水平。除系统学习学科知识外，教师还需要关注学科知识与实际教学的融合。学科知识的系统学习不仅仅是为了掌握理论，更是为了在实际教学中更好地运用这些知识。教师需要将系统学习的理论知识转化为实际教学操作的技能，形成对学科知识的深层次理解。在高职体育教师的系统学习学科知识中，还需要强调学科知识的教育化。体育教育的目标不仅

仅是培养学生的体育技能，更是培养学生的全面素质。因此，教师在系统学习学科知识的过程中，需要将知识与教育理念相结合，形成对学科知识的教育性认识，以更好地为学生提供个性化的教学。

高职体育教师的系统学习学科知识是教育事业成功的基石。在学科知识的系统学习中，教师需要关注基础理论、实践操作与多学科知识的整合，以及时关注新知识的更新。对学科知识的系统学习不仅仅是为了掌握理论，更是为了将这些理论运用于实际教学，培养学生的全面素质，推动体育教育事业的发展。

（二）实践操作的强化训练

高职体育教师的强化训练是培养具有实践操作能力的教育专业人才的必要环节。在培训中，理论知识的传授虽然重要，但更为关键的是将这些理论知识与实践操作相结合，使教师具备更强大的实际操作能力。通过强化实践操作的培训，高职体育教师能够更好地适应实际工作需要，提升教学质量。实践操作的强化培训有助于高职体育教师深入地理解专业知识。理论知识是教育的基础，但仅仅停留在理论知识层面难以完全领会专业知识的本质。通过实际的操作和实践，高职体育教师能够深入地理解专业知识的实际应用，使抽象的理论变得具体和生动。实践操作的强化培训有助于高职体育教师培养更强大的问题解决能力。在实际工作中，高职体育教师面临着各种挑战和问题，需要具备解决问题的能力。通过强化实践操作的培训，教师能够在实际情境中应对问题，培养出更为灵活和创新的问题解决能力。实践操作的强化培训有助于高职体育教师提高沟通与协作能力。在教育工作中，高职体育教师需要与学生、家长以及其他教育工作者进行频繁的沟通和协作。通过实际操作的培训，教师能够更好地理解与他人合作的重要性，提升团队协作和沟通的能力。实践操作的强化培训有助于高职体育教师更好地适应多样化的学生需求。每个学生都是独特的个体，他们在学习上存在差异。通过实际操作的培训，教师能够更好地理解学生的差异性，有针对性地调整教学方法，提升对学生需求的敏感性和适应性。实践操作的强化培训有助于高职体育教师更好地应对复杂多变的教育环境。教育领域的变革与发展使得教学环境日益复杂多变，传统的教学方法和理念已经不能完全适应。通过实践操作的培训，高职体育教师能够更好地适应变革，灵活调整教学策略，提升对复杂环境的适应能力。

实践操作的强化培训对于高职体育教师的成长至关重要。通过实际操作，教师能够更深入地理解专业知识，培养解决问题的能力，提高沟通与协作能力，更好地适应学生个性化需求，应对复杂多变的教育环境。这种强化培训有助于提高教师的专业水平，全面培养出适应时代发展需要的高职体育教育人才。

（三）前沿科研与学科发展趋势的关注

高职体育教师的教学成功与否直接关系到学科的发展水平，因此对前沿科研和学科发展趋势的关注显得尤为重要。前沿科研不仅可以为体育教师提供最新的科学理论支持，还有助于跟踪学科发展趋势，使教师能够更好地指导学生，促使学科保持不断创新和进步。关注前沿科研是高职体育教师必不可少的职业素养。随着科技的不断进步，体育领域的研究也在不断深化。教师应时刻保持对前沿科研的敏感性，关注最新的研究成果和学科动态。只有通过对前沿科研的深入了解，教师才能在教学中融入最新的科学理论，保持教学内容的时效性和科学性。此外，对学科发展趋势的关注也是高职体育教师必备的能力。学科发展不断呈现新的变革趋势，包括课程设置、教学方法、评估体系等方面都在发生变革。教师应该时刻关注学科的发展方向，了解最新的教育政策和教学理念，以便更好地调整自己的教学策略，适应新时代学科的发展趋势。关注前沿科研和学科发展趋势的过程中，高职体育教师还应注重跨学科的融合。体育教育不是一个孤立的学科，它与生命科学、心理学、社会学等多个学科有着密切的关联。通过关注其他学科的前沿研究，教师能够更好地将多学科知识融入自己的教学，形成综合的教育体系。前沿科研与学科发展趋势的关注还有助于激发高职体育教师的创新意识。学科的不断发展往往随着创新理念的涌现。教师通过关注前沿科研，能够了解到新的教学方法、教育技术等创新性的理念，激发教师更多地尝试新的教学手段和策略。这有助于提高教学的新颖性和吸引力，使学生更愿意参与学科学习。前沿科研与学科发展趋势的关注还有助于培养高职体育教师的国际视野。学科发展往往是国际性的，全球范围内的研究成果对于教师的影响深远。通过了解国际学术界的研究方向和学科发展动态，教师可以更好地把握学科的国际化发展趋势，使自己在教学中更具有国际竞争力。

引导高职体育教师关注前沿科研和学科发展趋势是教学成功的关键之一。只有通过不断关注最新的研究成果，了解学科的发展动态，教师才能更好地指导学生，保持教学内容的时效性和科学性。这种关注也有助于激发教师的创新意识，培养国际化视野，使其更好地适应学科的不断发展和变化。

（四）跨学科的拓展学习

除了在专业领域的深耕之外，高职体育教师的跨学科拓展学习也十分重要。这种拓展学习不仅能够丰富教师的知识体系，更有助于提高其综合素质，使其更好地适应当今多元化、复杂化的社会环境。跨学科的拓展学习为高职体育教师提供了广泛的视野，有助于提升他们在实际教学中的适应性和创新能力。跨学科的拓展学习有助于高职体育教师更全面地了解学生。体育教育涉及学生身心的全面发展，而跨学科的拓展学习使教师能够更深入地理解学生的个性和特点，有助于其制定更为个性化和差异化的教学方案，更好地满足学生的需求。跨学科的拓展学习有助于高职体育教师在教学中更好地运用多元化的教学方法。传统的体育教学在方式上较为单一，而跨学科的拓展学习模式能够为教师提供更多元的教学思路和方法，使其在实际教学中更加灵活，更好地适应学生的多样性。跨学科的拓展学习有助于高职体育教师培养更强大的问题解决能力。在实际教育工作中，高职体育教师常常面临各种问题和挑战，需要有较强的解决问题的能力。跨学科的拓展学习使得教师能够更好地运用各种学科的知识来解决实际问题，提升解决问题的能力。跨学科的拓展学习有助于高职体育教师更好地融入教育团队。现代教育强调团队协作，而跨学科的拓展学习使得教师能够更好地与其他学科教师进行沟通和协作，形成紧密的教育团队，共同促进学生的全面成长。跨学科的拓展学习有助于高职体育教师更好地适应社会变革。社会的发展要求人才具备跨学科的综合素质，而跨学科的拓展学习使得高职体育教师能够更好地适应社会的多元化和复杂化，更好地为学生的全面发展提供支持。

跨学科的拓展学习对于高职体育教师的专业成长至关重要。它不仅为教师提供了广泛的知识视野，也有助于提高其在实际教学中的适应性、创新能力和综合素质。通过跨学科的拓展学习，高职体育教师能够更好地为学生提供优质的教育服务，促使学生全面地成长。

## 二、综合素质与跨学科能力的培养

### （一）综合素质的理念与框架

综合素质是高职体育教师培养学生的核心理念之一。这一理念旨在让学生在专业知识的基础上具备全面的、综合的素质，使其能够更好地适应社会的发展和变化。综合素质的理念为高职体育教师提供了一个全新的教育框架，使教学内容更贴近学生的实际需求，更具有现代教育的价值取向。综合素质的理念强调个体全面发展，不仅包括学科知识的掌握，更关注学生的实际能力和综合素养。高职体育教师在教学中需要注重培养学生的创新思维、团队协作能力、沟通表达能力等综合素质，使其具备更强大的综合素养，更好地适应未来社会的需求。综合素质的理念提出了一个全新的教育框架，将教育目标从单一的知识传授扩展到全面的个体发展。这一框架要求高职体育教师不仅关注学生的学科学习，更要关注其品德修养、身心健康等多个方面。通过这一框架，教师能够更全面地指导学生，更有针对性地开展教育工作，使学生在多个领域得到全面发展。在综合素质的框架中，高职体育教师需要注重学科知识与实际应用的结合。传统的体育教育往往注重理论知识的单一传授，而综合素质的框架要求教师更加注重各科知识的实际运用。教育者需要引导学生将学到的知识运用到实际问题解决中，培养其创新能力和实际操作能力。综合素质的框架要求高职体育教师更注重学生的个性差异。每个学生都是独特的个体，其发展速度和方式也各异。在这一框架下，教育者需要灵活运用不同的教学方法，更加关注学生个体的需求，使教学更个性化和具有针对性。综合素质的理念与框架也要求高职体育教师更注重学生的终身学习能力。现代社会知识更新速度快，学生需要具备不断学习的能力以适应社会的发展。综合素质的框架要求教育者培养学生的学习兴趣和自主学习的能力，使其具备终身学习的能力。

综合素质的理念与框架为高职体育教师提供了一个更为全面、更为灵活的教学理念。通过这一理念与框架，教育者能够更好地培养学生的多方面能力，更好地适应社会的变革。这一框架不仅提升了教育的实际效果，更符合当代社会对于综合素质的需求，为培养更具有综合素养的高职体育人才奠定了坚实的基础。

（二）实践操作的综合培训

对高职体育教师的综合培训不可忽视实践操作的重要性。理论知识虽然为教师提供了框架，但实际操作是将理论知识付诸实践的关键步骤。在综合培训中的实践操作不仅是一种技能的培养，更是对教师全面素质的锻炼，促使其在实际教学中更加灵活应对各种挑战。实践操作的综合培训应注重基本技能的训练。体育教师在教学中需要具备一系列基本的技能，如运动技能的传授、课堂管理的能力等。在综合培训中，通过实际操作的训练，教师可以更好地掌握这些基本技能，使其在教学中更具信心和能力。综合培训的实践操作还应关注教师的创新能力。在实际教学中，创新是提高教学效果的关键。通过综合培训中的实践操作，教师能够更好地发现和尝试新的教学方法，使课堂更富有趣味性和活力，提高学生的学习积极性。在实践操作的培训中，注意团队协作能力的培养也是至关重要的。教育不再是孤立的个体活动，团队协作的能力对于高职体育教师至关重要。通过实际操作的团队培训，教师能够更好地协同工作，共同解决教学中的问题，形成团队的凝聚力，提高整体教学水平。实践操作的综合培训还有助于培养教师的实际经验。理论知识的学习固然重要，但只有通过实践，教师才能更好地了解学生的需求和特点。实践操作培训中的实际经验积累，有助于教师更好地应对各种实际教学场景，提高其教学的实际操作水平。实践操作的培训还需要注重与学科知识的有机结合。实践操作不仅仅是为了技能的培养，更是为了将学科知识付诸实践。通过将实践操作与学科知识相结合，教师能够更好地将理论知识应用到实际教学中，使学生在实践中更好地理解和掌握学科知识。

实践操作的综合培训是高职体育教师培养的重要组成部分。通过实际操作的训练，教师能够更好地掌握基本技能，提高创新能力，培养团队协作的能力，积累实际经验。这种培训不仅有助于教师更好地应对教学挑战，还能够提高教师整体的教学水平，为学生提供更具有实践操作性的学习体验。

（三）跨学科合作与交叉学科学习

高职体育教师在教育实践中需要深刻理解和积极推动跨学科合作与交叉

学科学习。这种教育模式旨在打破传统学科之间的界限，促使不同学科之间的知识相互渗透，为学生提供综合的学习体验。跨学科合作与交叉学科学习不仅有助于拓宽学生的知识面，更能够培养其创新思维、综合素养，使其更好地适应复杂多变的社会环境。跨学科合作要求高职体育教师主动与其他学科的教师展开合作，共同设计和实施综合性的教育活动。这种合作可以促使学生获得学科知识之外的更多交叉学科的信息，使其更全面地理解问题，更灵活地运用所学知识。交叉学科学习要求高职体育教师将多个学科的知识有机融合在实际教学中，使学生能够更全面地理解问题，更好地解决实际问题。通过交叉学科学习，学生能够培养出综合的思维方式，更好地应对现代社会的复杂性。跨学科合作与交叉学科学习有助于拓展高职体育教师的教育视野。传统的体育教育往往过于专注于专业领域，而忽视了其他学科的重要性。通过与其他学科的教师合作，高职体育教师能够更好地了解其他学科的知识和理念，提升自己的跨学科综合素养，为学科知识的融合提供更为广泛的视野。跨学科合作与交叉学科学习有助于培养学生的团队协作精神。在实际工作中，团队协作是一项非常重要的能力。通过跨学科的学习，学生能够在不同学科领域的专业人士中进行合作，培养出更强大的团队协作和沟通能力。跨学科合作与交叉学科学习有助于提升高职体育教师的教学创新能力。在不同学科的交叉学习中，教师需要能够灵活运用各种教学方法，激发学生的学习兴趣，促使他们更深入地思考问题。这种创新的教学方式有助于高职体育教师培养出更具有创新精神的学生。跨学科合作与交叉学科学习有助于提升高职体育教师的教育领导力。在与其他学科的教师合作中，高职体育教师需要具备更强的组织能力和领导能力，协调不同学科的资源，推动学科知识的整合，为学生提供更为丰富的学习体验。

跨学科合作与交叉学科学习是高职体育教师教育实践中的一种创新模式。通过这种方式，学生能够获得综合性的知识，培养全面的能力，更好地适应现代社会的需求。高职体育教师通过与其他学科的合作，能够拓宽教育领域，提升自身的综合素质，更好地服务于学生的全面发展。

（四）学科融合与实际教学应用

高职体育教师的教学应用需要深度融合不同学科的知识。学科融合不仅是将多学科知识简单地堆砌在一堂课上，更是通过深度融合，使各个学科的知识相互贯通，为学生提供综合和全面的学习体验。实际教学应用则是将学科融合的理念付诸实践，将融合的知识应用于课堂教学，促使学生在实际操作中更好地理解和应用学科知识。学科融合与实际教学应用的结合需要教师深入理解不同学科之间的内在联系。不同学科之间并非孤立存在，而是相互关联、相互影响的关系。体育教育不再仅仅关乎运动技能，还需要结合生命科学、社会科学等其他学科的知识。教师需要深刻地理解这些学科之间的关系，以便更好地在实际教学中将多学科知识融合。在实际教学中，学科融合需要体现在课程设计中。教师应该以学科融合为指导思想，深入思考如何将不同学科的知识融合到教学中，使学生能够在同一课程中接触到多学科的知识内容。通过课程的精心设计，教师可以让学生在实际教学中感受到多学科知识的相互关联，形成全面的认知结构。学科融合与实际教学应用还需要注重教学方法的创新。传统的教学方法往往局限于某一学科领域，而学科融合要求教师能够灵活运用不同学科的创新教学方法。通过创新教学方法，教师可以更好地将融合的知识传递给学生，使他们能够更好地理解和掌握多学科知识。在实际教学应用过程中，教师需要注重激发学生的兴趣。学科融合的教学不仅是灌输知识，更是要激发学生对学科的兴趣和热情。教师可以通过引入生动有趣的案例、实例，使学生在实际教学中主动参与，增强他们对学科知识的兴趣。学科融合与实际教学的应用需要强调实践操作的重要性。理论知识的学习只有通过实际操作，才能让学生更好地理解和应用。教师在实际教学中应该注重培养学生的实际操作能力，使他们能够在实际运动中更好地体会学科知识的实际应用。

学科融合与实际教学应用是高职体育教师教育的重要组成部分。通过深度融合不同学科的知识，教师能够更好地指导学生，使其在实际教学中更好地理解和应用学科知识。在实际教学中，教师需要深入思考对课程设计、教学方法的创新，注重激发学生的兴趣，培养他们的实际操作能力。这种综合的教学模式将有助于提高学科教育的质量，培养更具综合素质的学生。

# 第三节　教育技术在高职体育教育师资培训中的应用

## 一、教育技术在高职体育师资培训中的理论与原理

### （一）高职体育教育技术的概念与发展历程

教育技术作为一门学科，其概念和发展历程一直都是教育领域的焦点。教育技术是指运用科技手段来改进和促进教育过程，提高教育效果的学科。它的发展历程可以追溯到20世纪初，随着科技的不断进步，教育技术也逐渐融入教育实践。

教育技术的概念最早可以追溯到20世纪初，当时主要是指通过广播、电影等新兴技术手段来促进教学效果。

20世纪50年代，随着计算机的发展，教育技术逐渐涵盖了计算机在教育中的应用。这一时期的教育技术主要集中在传媒和硬件设备的使用上，强调通过技术手段来传递教学信息，提高教学效果。

20世纪60年代，随着系统理论和认知心理学的兴起，教育技术逐渐关注学习过程本身。这一时期的教育技术开始强调个性化学习和自主学习，提倡通过技术手段来满足学生个体差异的需求。教育技术的概念也逐渐扩展，不再仅限于传统的传媒和硬件设备，开始涉及更多的软件、网络和互动性技术。

20世纪80年代至90年代，随着互联网的普及，教育技术进入了一个全新的阶段。这一时期的教育技术逐渐强调多媒体和网络技术在教学中的应用，提倡利用网络平台进行远程教学和在线学习。教育技术的概念逐渐与信息技术融合，形成了综合的教学模式。

21世纪以来，随着移动互联网和人工智能的快速发展，教育技术进入了全新的发展阶段。随着移动设备的普及使得学习变得更加便捷，人工智能的应用使得个性化教学变得更为可行。教育技术开始注重教学过程中的数据分析和个性化服务，强调利用技术手段来提高学习效果和教学质量。

　　教育技术作为一门学科经历了从传媒硬件到网络软件的发展演变，其概念在不同时期逐渐从简单的技术应用发展为注重学习过程和个性化需求的综合概念。教育技术的发展历程反映了科技与教育相互融合的历史进程，也为高职体育教师提供了丰富的教学工具和方法，促进了教育的不断创新。

　　（二）高职体育学习理论与教育技术的结合

　　高职体育教师在教学中需要深刻理解学习理论与教育技术的结合，这是一种创新的教学方法。学习理论为教师提供了关于学生学习方式和认知过程的深刻理解，而教育技术则为教学提供了强大的工具和平台。将学习理论与教育技术结合，有助于更好地满足学生多样化的学习需求，提高教学效果，推动体育教育事业的发展。学习理论与教育技术的结合首先体现在教学设计的深度。教师应该通过深刻理解学习理论，设计出更为贴近学生认知过程的教学内容。通过教育技术的应用，教师可以更生动地展示教学内容，激发学生的学习兴趣，使学习更为具体和直观。在教学过程中，学习理论与教育技术的结合还能够强调个性化教育。学生在学习过程中有着不同的学习风格和节奏，通过深入了解学习理论，教师可以更好地适应不同学生的学习需求。此外，教育技术的个性化工具和平台，能够为教师提供更多针对个体学生的教学资源和支持，推动个性化教育的发展。学习理论与教育技术的结合还能够加强对学生实践操作的培养。学生在实际运动中更容易理解和应用学科知识。通过运用教育技术，教师可以设计出更具实践性的教学内容，激发学生参与实际操作的兴趣，促使他们在实际运动中更好地掌握学科知识。学习理论与教育技术的结合对于教学评估也有着深远的影响。教师可以通过学习理论了解学生的认知过程，结合教育技术设计出更为全面的评估方式。通过教育技术的辅助，教师可以全面地了解学生在实际运动中的表现，实现对学生个体差异的精准评估。在学习理论与教育技术的结合中，教师还需要注重对团队合作精神的培养。学习理论认为合作学习对于学生的认知发展有积极作用，而教育技术提供了许多支持合作学习的工具。教师可以通过结合学习理论，运用教育技术工具，培养学生的团队协作精神，推动学生在团队中共同学习、共同成长。

　　学习理论与教育技术的结合是高职体育教师教学中的一种创新方法。通过深刻理解学习理论，教师能够更好地指导学生的认知发展；通过教育技术的应用，教师能够更生动地展示教学内容，提高教学效果。这种结合还有助于开展个性化教育、强调实践操作的培养、促进团队合作的发展，推动高职体育教育事业朝着科学、有效的方向发展。

（三）高职体育教育技术工具与教学设计原理

教育技术工具在高职体育教学中的运用与教学设计原理密不可分。教育技术工具是一系列现代化的辅助教学手段，它们的巧妙应用能够更好地促进学生的学习效果。而教学设计原理是为了保障教学质量和教学效果而制定的一系列规范和准则。高职体育教师需要巧妙结合教育技术工具和教学设计原理，实现高效、有针对性的教学。在高职体育教学中，教育技术工具的运用涉及多种方面，包括多媒体教学、虚拟实验、在线学习平台等。这些工具能够生动直观地呈现体育知识，激发学生的学习兴趣，提高学习的积极性。通过运用这些科技工具，高职体育教师能够更好地完成知识传递的任务，为学生提供更为灵活和多样化的学习资源。教育技术工具的运用还能够增强高职体育教学的实践性。通过虚拟实验和模拟训练，学生可以在安全的环境中进行实际操作，提高实际操作技能，减少事故风险。这种实践性的教学方式有助于学生巩固理论知识，使学生更好地将知识应用于实际体育活动中。

在教学设计方面，教育技术工具的运用需要遵循一系列原理。要确保教学内容与教育技术工具的选择相匹配。工具的使用应当有助于教学目标的实现，而不是单纯追求新颖性。要注重教学过程中的互动性。教育技术工具应该促进师生之间的互动，激发学生思考，提高学习参与度。要注意教学资源的整合，将不同的工具有机结合，形成一个有机的教学体系。高职体育教师在教育技术工具的运用中应该注重个性化教学。不同学生有着不同的学习方式和学习节奏，教育技术工具应该具备一定的灵活性，以适应学生个体差异。个性化教学有助于激发学生的学习兴趣，提高学习的效果。

教育技术工具与教学设计原理的结合，为高职体育教师提供了丰富的教学手段。通过善于运用先进的教育技术工具，结合科学的教学设计原理，高职体育教师能够更好地满足不同学生的学习需求，提高教学效果，为培养更具实际操作能力和综合素质的高职体育人才奠定了坚实的基础。

（四）高职体育在线学习与远程教育的理论与实践

高职体育教师应当深刻理解在线学习与远程教育的理论与实践，这是适应时代潮流、促进教育改革的关键之一。在线学习和远程教育作为现代教育模式的重要组成部分，不仅丰富了教育形式，也为学生提供了灵活和便捷的学习机会。理论的深入探讨和实践的充分运用有助于高职体育教师更好地应对教学挑战，提高教学质量。在线学习与远程教育的理论基础需要教师深入研究。理论基础涉及教学设计、学习心理学、教育技术等多个方面。教育技术的不断发展为在线学习和远程教育提供了更多工具和平台，而对学习心理学的研究有助于教师更好地理解学生在线学习的认知过程。通过深刻理解理论基础，教师能够更好地指导学生的在线学习，提高教学效果。在实际教学中，高职体育教师需要注重在线学习与远程教育的实践应用。实践应用不仅是将理论付诸实践，更是教师在具体教学过程中对理论的深层次理解和运用。教师可以通过在线学习平台，设计出更具创新性和互动性的教学内容，使学生在远程学习中能够更加积极主动地参与学科知识的学习。实践应用中，高职体育教师需要注重在线学习环境的优化。一个良好的在线学习环境能够提高学生的学习体验学习参与度，增强其对学科知识的吸收。教师可以通过灵活运用多媒体技术、交互式工具等手段，打造出丰富、生动的在线学习环境，激发学生的学习兴趣。教师还需要在在线学习与远程教育的实践中注重个性化教育。学生的学习风格和节奏存在各异，教师应该通过在线学习平台的个性化设置，为学生提供个性化的学习资源和支持，使学生能够更好地适应在线学习的环境，提高学科知识的吸收水平。在实际教学中，教师还需要注重在线学习与远程教育的互动性。互动性不仅仅是学生与教材之间的互动，更是学生之间和学生与教师之间的互动。通过在线平台，教师可以促使学生之间展开积极互动，共同学习、讨论问题。教师也可以通过在线平台与学生进行及时互动，解答疑惑，促进学科知识的更深层次理解。

高职体育教师应当深刻理解在线学习与远程教育的理论与实践，通过深入研究这一理论基础，注重在线学习环境的优化，强调个性化教育的培养，关注互动性的增强，使在线学习和远程教育成为推动教育创新和提升教学水平的有效手段。

## 二、教育技术在实际培训中的应用与实践

（一）高职体育教育教育技术在实际培训中的设计与整合

在高职体育教育中，教育技术在实际培训中的设计与整合是教学过程中的关键环节。通过科学合理的设计和整合，教育技术可以有效提升教学效果，使培训更具实际操作性和个性化。高职体育教师需要充分理解并巧妙运用教育技术，以满足学生的学习需求，促进其全面素质的提升。在实际培训中，设计教育技术的应用需要充分考虑培训的特点和学生的需求。学校要结合体育专业的特性，选择适合的教育技术工具，比如，可以利用虚拟实验和模拟训练来提高学生的实际操作能力。要考虑培训的目标和内容，选择合适的技术工具。不同的培训目标可能需要不同的教育技术支持，因此要根据具体情况进行巧妙的设计。教育技术的整合是提升培训效果的关键。在高职体育教育中，往往需要综合运用多种教育技术工具，以实现全面的教学目标。比如，学校可以结合多媒体教学和在线学习平台，提供丰富的学习资源。整合不同的技术工具，可以为学生提供更灵活、更个性化的学习体验，使培训更加贴近学生的实际需求。在教育技术的设计与整合中，注重培养学生的实际操作能力是至关重要的。设计实践性强的教育技术工具，如虚拟实验和模拟训练，可以使学生在安全的环境中进行实际操练，提高实际操作技能。这有助于将理论知识与实际应用相结合，使学生更好地适应将来的工作需求。个性化教学是教育技术设计与整合的另一关键点。在高职体育教育中，学生的背景和学科兴趣差异较大，因此，教育技术的设计应考虑到这些差异。采用个性化的教育技术工具，如在线学习平台、远程教育等，可以根据学生的学习风格和兴趣，提供定制化的学习资源，使培训更具针对性和个性化。

高职体育教育中教育技术在实际培训中的设计与整合是复杂而重要的任务。设计教育技术工具时要充分考虑体育专业的特性、培训的目标和内容；整合不同的技术工具时要注重培养学生的实际操作能力和实用技能；个性化教学是增强培训效果的一种有效途径，定制化的教育技术工具，可以更好地满足学生的个性需求。通过巧妙的培训设计与技术整合，教育技术将更好地服务于高职体育教育，推动学生全面发展。

（二）高职体育教育技术在实际教学中的个性化应用

　　高职体育教育技术的个性化应用是适应学生多样性需求的必然选择。在实际教学中，个性化应用不仅关乎技术工具的使用，更涉及教学内容的设计、学习方式的引导以及学生需求的差异性满足。通过深入挖掘教育技术的潜力，教育者可以更好地满足学生个性化学习的需求，提高教学的实效性和吸引力。个性化应用首先体现在教学内容的定制。高职体育教育技术的个性化应用要求教师根据学生的特点和需求，有针对性地设计教学内容。教育技术可以提供多种形式的学习资源，教师可以灵活运用这些资源，定制出符合学生认知水平和兴趣的教学内容，使学生更加主动、积极地投入对学科知识的学习。在个性化应用中，教育技术的多样性工具也是重要的一环。通过合理的选择和组合教育技术工具，教师能够满足不同学生的学习风格和偏好。一些学生可能更适应通过视觉方式学习，而一些学生可能更擅长通过听觉方式来学习。教育技术的多样性工具为个性化应用提供了更为广泛的选择，使得教学更加贴近学生的实际需求。高职体育教育技术的个性化应用还需注重学习路径的个性化设计。教育技术可以根据学生的学科知识水平和学习进度，为每位学生定制个性化的学习路径。这意味着不同学生可以按照自己的学习速度和深度进行学科知识的学习，从而更好地满足个性化学习的需求。在个性化应用中，教育技术还可以促使学生自主学习。通过提供自主学习的平台和工具，教育技术可以激发学生的学习兴趣和动力，使其更加自觉地掌握学科知识。个性化应用使学生能够更灵活地安排学习时间和学科内容，促使其在学科知识的学习中发挥更大的主观能动性。个性化应用还需要注重教师对学生的精准了解。教育技术可以提供更精准的学生学习数据和反馈信息，教师通过深入分析这些信息，能够更准确地了解学生的学科知识掌握程度和学习兴趣。通过对学生的精准了解，教师可以更好地调整教学策略，满足学生个性化学习的需求。

　　高职体育教育技术在实际教学中的个性化应用是推动教育创新和提高教学效果的重要手段。通过定制教学内容、多样性工具的运用、学习路径的个性化设计、促使学生自主学习以及对学生的精准了解，教育者可以更好地满足学生多样性的学习需求，提高其对学科知识的吸收和运用水平，为培养更具综合素质的学生打下坚实基础。

（三）高职体育在线协作与互动学习环境的构建

高职体育在线协作与互动学习环境的构建是促进学生全面发展的关键。在这一环境中，学生能够通过多种方式参与学习，与同学和教师进行紧密的互动，实现知识的共享和交流。构建这样的学习环境，不仅能够提高学生的学术水平，更能够培养其团队协作、沟通表达等综合素质，使其更好地适应未来的社会需求。高职体育在线协作与互动学习环境的构建需要充分利用现代信息技术。通过建设在线学习平台、社交媒体群组等多样化教学工具，学生能够在虚拟的学习空间中与同学和教师进行实时互动。这样的技术工具有助于打破时空限制，让学生可以在任何时间、任何地点都能够参与学习，促进了学习的灵活性和便捷性。构建互动学习环境需要注重学生间的协作与交流。通过设计任务和项目，鼓励学生在小组中协作完成，共同解决问题。这样的学习方式不仅培养了学生的团队协作能力，还促进了学生思想的碰撞和创新的涌现。教师在这一过程中能够发挥更多的引导和辅导作用，促使学生深入地理解体育学科知识。在互动学习环境中，学生的参与度起着重要的作用。因此，构建这样的学习环境需要激发学生的学习兴趣，激励其积极参与。通过设置有趣的学习任务、引入实践案例等方式，让学生感受到学习的乐趣和实用性，提高其学习的主动性。高职体育在线协作与互动学习环境的构建也需要注重个性化教学，了解不同学生的学习风格和需求，根据其个体差异提供定制化的学习资源。个性化教学能够更好地满足学生的学习需求，激发其学习动力，使学习更高效。构建高职体育在线协作与互动学习环境还需要重视学生的反馈。学校应通过设立学生反馈渠道，了解他们对学习环境的感受和建议，以及时调整和改进学习环境，更好地适应学生的需求，提高学习体验感。

高职体育在线协作与互动学习环境的构建需要充分发挥现代信息技术的作用，注重学生间的协作与交流，激发学生的学习兴趣，个性化教学和学生反馈也是关键因素。这样的学习环境有助于培养学生的综合素质，提高其实际操作能力和团队协作精神，使其更好地适应未来社会的发展。

（四）高职体育教育技术在评估与反馈中的应用

高职体育教育技术在评估与反馈中的应用是一种深化教学管理和提升教学

效果的重要手段。教育技术的应用使得评估过程科学、精准，同时为教师提供了有效的反馈工具，有助于更好地指导学生学科知识的学习与运用。在评估方面，高职体育教育技术可以通过多元化的评估方式全面了解学生的学科水平。传统的考试评估方式往往难以全面测量学生的学科知识掌握程度，而教育技术可以提供多种形式的在线评估工具，包括测验、项目作业、实际运动表现等。通过这些多元化的评估方式，教师可以全面地了解学生的学科掌握程度，并科学合理地进行评估。教育技术在评估中的应用还可以提高评估的客观性。在线评估工具可以减少主观性因素对评估结果的影响。学生在教育技术平台上完成作业或测验后，系统会自动评分，减少了人为评分的主观性，提高了评估的客观性，使评估结果更加准确可靠。教育技术的应用也有助于实时评估学生的学科表现。传统的期中、期末考试往往无法及时获取学生的学科学习情况，而在线平台可以随时随地进行学科知识的测验和作业评改。通过实时评估，教师可以及时地了解学生的学科水平，及时调整教学策略，更好地满足学生的学习需求。在反馈方面，高职体育教育技术可以为教师提供丰富、个性化的反馈方式。传统的纸质反馈的信息有限，而教育技术平台可以提供更多形式的反馈，包括文字评语、语音评价、图像反馈等。通过这些多样化的反馈方式，教师可以细致地指导学生，使其明确地了解学科知识的不足之处，有针对性地进行改进。个性化的反馈也是教育技术在评估中的一大优势。系统可以根据学生的学科水平和学习习惯，为每个学生提供个性化的反馈。这种个性化的反馈不仅更符合学生的个体差异，也更有助于激发学生的学习动力，促使其更主动地参与学科知识的学习。在反馈中，教育技术还可以促进学生之间的互动。通过在线教育平台，学生可以分享学科知识的心得体会，进行学科经验的交流。教育技术为学生提供了一个互动的学习平台，学生之间可以相互学习、相互帮助，形成更为积极向上的学科学习氛围。

高职体育教育技术在评估与反馈中的应用是促进教学改革和提高教学效果的关键因素。教育技术通过多元化的评估方式，提高评估的客观性，实时评估学生学科表现，为教师提供丰富个性化的反馈方式，促进学生之间的互动，为体育教育提供了先进、高效的教学手段。在不断发展的数字化时代，借助教育技术的力量，高职体育教育能够更好地适应学科知识的教学特点，更好地满足学生个性化学习的需求，推动高职体育教育不断向前发展。

# 第四节　高职体育教师发展与职业规划

## 一、高职体育教师发展

### （一）专业知识与技能的不断深化

高职体育教师在专业知识与技能方面的不断深化是教育实践中的必然要求。随着社会的不断发展，体育领域的知识体系也在不断拓展和深化。高职体育教师需要通过不断学习和实践，提升自身的专业素养，以更好地服务于学生的全面发展。在专业知识方面，高职体育教师应当紧跟学科发展的最新动态。他们需要了解最新的体育理论、科研成果以及行业发展趋势，以保持对体育学科知识的前沿性认识。深化专业知识还需要深入挖掘学科内部的关联性，形成更为系统和完整的知识体系。这包括但不限于体育解剖学、运动生理学、运动心理学等多个方向的知识。除了学科内部的深化，高职体育教师还需要拓宽学科之间的交叉学科知识。体育教育不仅仅是一门单一的学科，还涉及心理学、生物学、社会学等多个领域。通过深入了解和运用这些交叉学科知识，高职体育教师能够更全面地指导学生的学习，更好地应对现代体育教育发展的多样性和综合性。在技能方面，高职体育教师需要通过实践不断提升自身的操作技能。这包括对各种体育运动的熟练掌握，以及对体育器材的正确运用等。通过不断的实际操作和体育训练，高职体育教师能够更好地向学生示范动作，提高学生的模仿效应，使学生能够更好地掌握实际运动技能。高职体育教师还需要在教学设计和组织方面不断提高自己的技能水平。这包括对教学方法的灵活运用、对学生个性化需求的敏感捕捉、对团队协作和组织管理的熟练掌握等。通过不断的实践和反思，高职体育教师能够更好地调动学生的学习积极性，提高教学效果。

高职体育教师在专业知识与技能方面的不断深化是为了更好地服务于学生的全面发展。通过不断学习最新的学科知识、拓宽学科之间的交叉学科知识、提升实际操作技能以及不断完善教学设计和组织能力，高职体育教师能够更好地适应社会的发展变化，为学生提供优质的体育教育服务。

（二）综合素质的全面提升

高职体育教师的综合素质全面提升是教育事业的关键要素之一。综合素质的全面提升意味着不仅关注专业知识，还需关注教育技能、人际沟通、领导能力等多方面因素。只有通过全面提升综合素质，高职体育教师才能更好地适应时代潮流，更有效地引导学生，促进体育教育事业的健康发展。综合素质全面提升的关键在于不断强化专业知识体系。高职体育教师需要深入学科领域，不仅仅掌握传统的体育知识，还需要关注新兴科技、心理学等相关领域的知识。只有保持专业知识的前沿性和全面性，高职体育教师才能更好地指导学生，提高教育水平。除了专业知识，高职体育教师的全面提升还需要注重教育技能的培养。教育技能包括教学设计、课堂管理、学科知识传递等方面。通过不断提升这些教育技能，教师可以更好地组织课堂，激发学生的学习兴趣，提高教学效果。优秀的教育技能是高职体育教师综合素质的重要组成部分。在全面提升综合素质的过程中，高职体育教师还需注重自身的人际沟通能力。良好的人际沟通能力有助于教师与学生之间的深入交流，使教育过程更加融洽。高职体育教师还需与同事、家长等多方面保持良好的沟通，形成教育共同体，共同促进学生全面发展。综合素质全面提升还需要高职体育教师注重领导能力的培养。领导能力不仅仅是在学科知识方面的领导，更包括团队管理能力、决策能力等多个方面。通过培养领导能力，教师可以更好地组织学科知识的教学，推动团队协作，共同促进学科知识的传播和学生的全面发展。高职体育教师综合素质全面提升还需要注重终身学习的理念。时代在发展，知识在更新，只有不断学习新知识，不断提高综合素质，教师才能更好地适应时代的发展。终身学习的态度有助于教师保持锐意积极进取，不断提升自己的综合素质水平。综合素质的全面提升还需要高职体育教师注重实践经验的积累。在教育实践中，教师可以不断总结经验，发现问题，改进方法。通过实际操作，教师能够更好地检验自己的综合素质水平，不断提高自己在实践中的能力和水平。

高职体育教师综合素质的全面提升是教育事业的重要任务。通过强化专业知识体系、注重教育技能的培养、加强人际沟通能力的培养、注重领导能力的培养、保持终身学习的理念、注重实践经验的积累，高职体育教师可以更好地适应时代发展，更好地引导学生，从而推动体育教育事业的全面提升。

（三）跨学科与跨领域的拓展

高职体育教师需要具备跨学科和跨领域的拓展能力，以更好地适应多元化的教育环境和社会需求。跨学科与跨领域的拓展使教师能够更全面地理解和应对学科知识之外的挑战，更灵活地应用多元知识于教学实践。跨学科的拓展意味着教师需要超越体育学科的范畴，深入了解与体育相关的其他学科。这包括心理学、生物学、社会学等多个学科领域。通过融合这些学科知识，教师能够全面地了解学生的行为和学习背后的原因，提高对学生的指导和辅导水平。跨学科领域的拓展使教师能够在不同领域中找到更多的教学资源和应用场景，比如运用数学知识来分析运动数据，应用艺术知识来设计体育赛事的视觉效果等。通过融入多个学科领域的知识，教师能够更富有创意地设计教学内容，使学生更好地理解体育知识的实际应用。跨学科与跨领域的拓展也有助于培养学生的综合素质。教师不仅仅是传授学科知识的人，更是引导学生全面发展的引路人。通过引入跨学科和跨领域的内容，教师能够更好地培养学生的创新思维、批判性思考能力以及团队协作能力。这有助于学生更好地适应未来社会的复杂性和多变性。在实际教学中，教师可以通过设计项目式学习、跨学科整合等教学模式，将跨学科与跨领域的知识拓展融入课程。通过实践性的项目，学生能够更深入地体验不同学科领域的交叉点，培养出更为全面的素质。这样的教学方式也能够激发学生的学习兴趣，使其更为主动地参与学科知识的学习。

跨学科与跨领域的拓展是高职体育教师在不断适应社会需求、提高教育质量的过程中不可或缺的一部分。教师需要深入了解体育学科之外的知识领域，将多元化知识融入教学实践，培养学生的创新能力和全面素质。这样的拓展有助于提高教育水平，使学生更好地迎接未来的挑战。

（四）教育技术与创新教学方法的应用

高职体育教师在教学中应用教育技术和创新教学方法是适应时代潮流、提高教学效果的重要途径。教育技术的应用可以拓展教学手段，丰富教学内容；而创新教学方法能够激发学生学习兴趣，提高学科知识的吸收水平。两者的有机结合使高职体育教学更具活力和实效性。教育技术在高职体育教学中的应用是一种不可或缺的手段。通过多媒体、互动式工具等教育技术，教师可以更形象地、更生动地展示教学内容，使学生更容易理解和掌握体育知识。利用虚拟实验、模拟运动等技术手段，教育技术还能够提供更丰富的实践体验，增强学生在实际运动中的学科知识应用能力。在教育技术的应用中，高职体育教师可以通过在线学习平台，设计出更具交互性和个性化的教学内容。学生可以在在线平台上随时随地进行学科知识的学习，同时教师也可以根据学生的学科水平和学习进度，提供个性化的学习资源和支持。这种个性化教育方法的应用有助于更好地满足学生的学习需求，提高教学效果。高职体育教师还可以借助教育技术开展远程教学，实现教学资源的共享。通过视频会议、远程实时互动等技术手段，教师可以与学生进行线上面对面的教学，弥补地域限制，使更多的学生受益于高质量的体育教育资源。除了教育技术的应用，创新教学方法也是高职体育教学中不可或缺的一环。创新教学方法可以激发学生的学习兴趣，使教学更具吸引力。通过采用问题解决、案例教学、小组合作等创新方法，教师可以使学生积极主动地参与学科知识的学习，提高学科知识的吸收和运用水平。创新教学方法还有助于培养学生的创新思维和实际运动能力。在问题解决的过程中，学生需要运用学科知识来分析和解决问题，这有助于培养学生的创新思维和实际运动能力。通过小组合作、项目制学习等方式，学生还能够在实际运动中更好地运用学科知识，增强实践操作的能力。在创新教学方法的应用中，高职体育教师可以注重跨学科的整合，通过与其他学科的教师合作，将体育知识与其他学科知识有机结合，使学生在学科知识的学习中能够全面、深入地理解相关知识。

跨学科整合有助于提高学生的学科综合素质，使其更好地适应综合性实践和工作需求。教育技术和创新教学方法的应用是高职体育教师提高教学效果的重要手段。通过教育技术的多样化工具和创新教学方法的灵活应用，教师可以生动地呈现教学内容，激发学生的学习兴趣，提高学科知识的吸收水平。两者的结合有助于培养学生的实际运用能力、创新思维，使其更好地适应时代的发展和社会的需求。

## 二、高职体育教师职业规划

### （一）专业素养与知识更新

高职体育教师的专业素养和知识更新是其教学工作中不可或缺的重要组成部分。专业素养是指教师在体育领域的学科知识、实际操作能力、教学方法等方面的综合素质。知识更新则是指教师不断学习新知识，跟随学科发展的步伐，以适应社会发展和教育变革的需求。专业素养对高职体育教师来说至关重要。一方面，教师需要深入了解体育学科的理论知识，掌握运动生理学、运动心理学等相关学科的基础理论。另一方面，熟练的操作技能也是教师必备的素质，通过实际操作，教师能够更好地向学生示范体育标准动作，提高学生的模仿效应。此外，专业素养的提升还需要教师具备良好的教学方法，能够巧妙地组织和设计教学内容，使学生更好地理解和应用体育知识。知识更新是高职体育教师保持专业素养的关键。体育领域的知识在不断发展，新的理论、技术、方法层出不穷。因此教师需要时刻保持学习的状态，关注学科最新的研究成果，不断提升自己的学科水平。通过参加学术研讨会、阅读学术期刊、参与学术交流等方式，教师能够及时了解学科领域的前沿知识，使自己始终保持在学科发展的前列。除了学科知识的更新，教育法规、教学方法等方面的知识也需要高职体育教师进行持续学习。教育领域的政策和规定在不断发生变化，了解最新的教育法规是教师履行职责的基本要求。不同的教学方法和策略也在不断更新，因此教师需要灵活运用新的教学理念，以更好地满足学生的学习需求。

专业素养和知识更新是高职体育教师职业发展的动力源泉。通过不断提升自己的专业素质，教师能够更好地引导学生，提高教育质量，促使学生在体育领域取得更好的成绩。知识的更新也使教师更具竞争力，更能够适应社会发展的需求，为学生提供全面的培训服务。因此，高职体育教师需要保持对专业素养和知识更新的高度重视，将其融入教学实践，为学生的全面发展提供坚实的支持。

### （二）教学与指导能力的提升

高职体育教师的教学能力与指导能力的提升是提高教育质量的关键环

节。在日益多元化和复杂的教育环境中，教师需要不断提高自身的教学水平和指导能力，以更好地引导学生实现全面发展。教学能力的提升首先需要高职体育教师注重对学科知识的深入理解和不断更新。只有对学科知识有着深刻的理解，教师才能更好地向学生传授相关知识。随着体育科学的发展，教育者需要不断了解最新的研究成果，更新自己的知识储备，以确保教学内容的准确性和时效性。教师还需要注重教学设计的精细化。良好的教学设计不仅仅包括教材的选择，更需要教师根据学生的特点和学科知识的难易程度进行合理的安排。通过巧妙的对教学内容组织和设计，教师可以引导学生更加深入地理解和掌握体育知识，提高教学效果。在实际教学中，高职体育教师还需注重运用多种教学方法。不同的学生具有不同的学习风格和对学科知识的吸收能力。因此，教师需要灵活运用多种教学方法，包括讲授、讨论、实践操作等，以更好地满足学生的多样化学习需求。教学能力的提升还需要教师关注学生的个性化学习。了解学生的兴趣、特长和学科知识的差异，有助于教师更有针对性地进行个性化指导。通过个性化的学习计划和指导，教师可以更好地激发学生的学习兴趣，提高其对体育知识的主动学习程度。指导能力的提升不仅仅关乎学科知识，还需要教师注重培养学生的实际运动能力。通过设计丰富的实践操作活动，教师可以引导学生将理论知识转化为实际技能，提高其运动技能水平。实践操作的过程不仅锻炼了学生的身体素质，更培养了其团队协作和领导能力。高职体育教师在指导能力的提升中还需注重心理辅导。了解学生的心理状态，关注其学科知识学习过程中可能出现的问题，有助于教师更好地进行个性化的心理辅导。通过耐心倾听和引导，教师可以帮助学生克服在学科知识学习中的困难，培养其积极向上的学科态度。高职体育教师在教学与指导能力的提升中还需要不断反思和总结经验。通过教学过程的反思，教师可以发现问题，并及时进行调整和改进。总结经验有助于教师更好地积累教学经验，形成科学的教学方法和指导策略。

高职体育教师的教学与指导能力的提升需要注重学科知识的深入理解、教学设计的精细化、多种教学方法的运用、个性化学习的关注、实际运动能力的培养、心理辅导的实施以及反思总结的重视。通过全方位提升，教师可以更好地引导学生实现全面发展，提高教学效果，推动高职体育教育事业的不断创新与进步。

（三）领导力与团队协作

高职体育教师的领导力与团队协作是推动学校教育事业发展的重要因素。领导力不仅表现在教师对学科知识的熟练掌握和教学能力的展现，更在于教师对学生和同事的引领与激发。团队协作则是教师在校内外与同事、学生以及家长紧密合作，共同促进学校整体实力的提升。领导力与团队协作相辅相成，共同构建出一个有活力、高效的教育环境。

领导力的体现不仅是个体的能力展示，更体现在如何激发团队成员的潜力，使整个团队更加积极向上。在学科方面，领导力意味着对体育学科的深刻理解，能够为团队提供准确的学科指导。领导力还包括在教学中的示范作用，激发学生的学习兴趣和潜力。教师要通过亲身实践，以身作则，为学生树立榜样，推动学科的发展。领导力的展现也需要教师具备较强的组织能力和管理能力。在团队管理中，领导者需要制定明确的工作目标，分配合理的任务，调动团队成员的积极性。通过团队协作，将每个成员的优势充分发挥出来，使团队整体的效能最大化。领导者还需要在危急时刻展现决断力，迅速解决问题，保持团队的稳定和向前发展的动力。

团队协作是高职体育教师在教育工作中不可或缺的一部分。团队协作涉及学科团队内部的合作，也包括与其他学科团队之间的协同工作。在学科团队内部，教师需要建立紧密的合作关系，共同研究教学方法和课程设计，促进教育资源的共享。通过内部团队协作，可以提高整个学科团队的实力，为学科的发展打下坚实基础。团队协作也需要高职体育教师在校际进行广泛的协作。教育工作不仅在学科内部展开，还需要与其他学科进行有机的结合，形成全面的教育体系。高职体育教师应积极与其他学科教师合作，探索跨学科的教育方式，丰富学生的知识体系，提高学生的综合素质。团队协作不仅体现在学科内部和校际的合作，还需要高职体育教师与学生家长、社会资源的合作协同。通过与家长的沟通合作，教师可以更好地了解学生的学情和家庭背景，更好地引导学生的全面发展。与社会资源的合作可以为学生提供更多的实践机会和发展空间，促使学生更好地融入社会。在团队协作中，高职体育教师还需要注重培养团队成员的团队精神和合作意识。高职体育教师应通过定期的团队培训和交流，提高团队成员的沟通和协作能力，形成共同的工作目标和团队文化。团队成员之间的默契和信任是协作的关键，而领导者的激励和引领是整个团队协作的核心。

高职体育教师的领导力与团队协作是促进学科发展和学校整体实力提升的重要因素。领导力体现在对学科的深刻理解和激发学生学习潜力的能力，同时需要在团队协作中展现出良好的组织和管理能力。团队协作则需要教师与学科团队内部、校际、与家长和社会资源之间广泛合作，形成一个紧密有序的合作网络。通过领导力与团队协作的共同作用，高职体育教师能够更好地为学生提供全面发展的教育服务，推动整个学科和学校的可持续发展。

（四）创新与教育技术应用

高职体育教师在教学中的创新与教育技术应用是适应时代潮流、提升教学效果的关键。创新不仅仅体现在在教学方法上的尝试，更体现在教育理念和教学内容的更新，以及对新兴技术的积极运用。创新在高职体育教学中的重要体现之一是对教育理念的不断思考与更新。传统的教育理念强调知识的传授，而现代教育更注重培养学生的综合素质。高职体育教师要不断思考如何在体育教育中注入创新的理念，使学生不仅仅学到专业知识，更能够培养创新意识和实际操作能力。创新的教育理念还有助于引导学生更好地适应社会的发展需求，培养出更具创造力和实际应用能力的人才。教学内容的创新也是高职体育教师创新的重要方向。体育教育不仅仅是传授运动技能，还应该包括对体育文化、体育产业等多方面内容的学习。高职体育教师要通过创新的教学内容设计，使学生全面地理解体育学科，拓展知识面，提高学科的深度和广度。教育技术的应用是高职体育教师创新的有力支撑。随着信息技术的飞速发展，高职体育教师可以运用多媒体、虚拟现实等先进技术，使教学更生动有趣。教育技术可以打破传统的时间和空间限制，实现更灵活的教学模式。教育技术的应用还可以提供更多的教学资源，为学生提供更为个性化的学习体验。创新的教学方法也是高职体育教师应对时代变化的必要手段。例如，项目式学习、合作学习等创新教学方法可以激发学生的学习兴趣，培养学生的团队协作和问题解决能力。创新的教学方法还有助于打破传统的教学框架，使学生更加主动地参与学科学习，提高学科教学的实际教学效果。高职体育教师还应关注互联网和社交媒体的运用，将社会化学习引入教育领域。通过在线社区、博客、微博等平台，教师可以与学生进行更为直接的互动，获取实时的学情反馈信息。通过互联网的资源共享，学科知识能够得到广泛传播，促进学科发展的全球化。

高职体育教师在教学中的创新与教育技术应用是适应时代潮流、提升教学效果的必由之路。创新不仅局限于教学方法的改进，更需要深刻反思教育理念和教学内容的更新。教育技术的应用则可以为创新提供强大的支持，使教学更具活力，更贴近学生的实际需求。通过不断地创新与应用教育技术，高职体育教师能够更好地适应时代的发展，为学生提供更富有创造力和实际操作能力的教育服务。

# 第四章　高职体育科研与科学化训练方法

## 第一节　科研在高职体育教育中的应用

### 一、体育科研研究的意义

（一）拓展学科边界

高职体育科研作为一门充满活力的学科，其发展在拓展学科边界方面具有显著的意义。高职体育科研的本质在于深入挖掘体育运动的内在机理，与其他学科形成有机的交叉，为整个知识体系注入新的活力与创新。在这个过程中，高职体育科研不仅仅是传统学科的延伸，更是一种深刻的思维方式，能够推动学科之间的交流与融合，形成新的学科边界。高职体育科研在运动生理学领域的研究不断深入，不仅关注运动过程中肌肉、骨骼等生理指标的变化，更注重运动对于整体生理系统的影响。这种综合性的研究模式使体育科研能够与医学、生物学等学科形成紧密的联系，为人体整体健康提供全面的解决方案。同时，通过对运动损伤、康复等方面的研究，高职体育科研也为康复医学等学科的发展提供了新的思路与方法；在心理学领域，高职体育科研的发展也为心理学的拓展提供了新的视角。体育运动不仅是肌肉和骨骼的活动，更是一种复杂的心理活动。高职体育科研通过深入探讨运动员的心理状态、压力源、心理调适等问题，为心理学提供了一个独特的研究领域。这种跨学科的合作模式有助于理解人类行为的复杂性，为心理学在其他领域中的应用提供了新的思路。在教育学领域，高职体育科研对体育教育的深度探讨也使教育学的边界得以拓展。通过研究运动学习的过程、体育教育的方法与手段，高职体育科研在教育领域发挥了积极的作用。这种跨学科的合作不仅仅促进了体育教育的改革与创新，更为教育学的研究提供了新的范式，使得教育的本质能够在体育活动中得到深刻体现。高职体育科研在社会学、经济学等学科中也崭露头角。体育作为一种社会现象，其发展与社会、经济密切相关。高职体育科研通过对体育产业、体育经济、社会体育等方面的研究，使得体育从单一的运动活动变成一个复杂的社会系统。这种多维度的研究不仅丰富了体育科研的内涵，更为社会学、经济学等学科的研究提供了新的范式。

高职体育科研的发展不仅仅是单一学科的深耕，更是学科边界的拓展。通过深入研究体育运动的多个方面，高职体育科研为生命科学、社会科学等多个学科注入了新的动力，促使学科之间形成更为紧密的联系与合作。这种学科边界的拓展不仅能够推动知识体系的发展，更为人类认知提供了广阔的视野。

（二）推动产业创新与发展

高职体育科研在推动产业创新与发展方面具有深远的影响。体育产业作为一个综合性、多元化的产业体系，其发展离不开科技创新、人才培养等多方面的支持。高职体育科研在这一过程中发挥了重要的角色，不仅为产业创新提供了理论支持，也为培养产业人才提供了丰富的学科背景。在科技创新方面，高职体育科研通过深入研究运动技术、训练方法等领域，不断地推动产业的技术水平升级。通过运用先进的工程技术、人工智能等手段，高职体育科研致力于解决体育产业中的技术难题，推动运动装备、训练设施等方面的创新。这种科技创新不仅提高了产业的竞争力，也为体育产品的不断升级提供了坚实的基础。在人才培养方面，高职体育科研致力于培养具备实践能力和创新思维的专业人才。通过将实际案例与理论知识相结合，高职体育科研为学生提供了全面的培养体系。这种培养模式不仅使学生能够更好地适应产业的需求，同时为产业注入了更多的创新元素。同时，毕业生通过实践性的学习，更容易在体育产业中发现问题并提出创新性解决方案，为整个产业的可持续发展提供了人才支持。在市场营销方面，高职体育科研通过对体育文化、体育市场等方面的深入研究，为产业的市场开发提供了战略支持。通过深刻理解体育产品在市场中的定位，高职体育科研为产业提供了更为精准的市场推广策略。这种市场分析的深度不仅有助于企业更好地把握市场脉搏，也为产业的品牌塑造提供了有力的支持。在体育产业链的拓展方面，高职体育科研通过对体育产业链的深入研究，发现了产业链中的潜在机会与挑战。通过构建产业链上下游的紧密联系，高职体育科研为产业链的整体效益提供了全面的优化方案。这种细致入微的产业链管理，不仅提高了产业的资源利用效率，同时为产业的可持续发展打下了坚实的基础。

高职体育科研在推动体育产业创新与发展方面起到了重要的作用。通过科技创新、人才培养、市场营销以及产业链拓展等多方面的努力，高职体育科研为体育产业注入了更多的活力和创新元素。这种全方位的支持不仅促进了产业的快速发展，也为我国体育事业的蓬勃发展奠定了坚实的基础。

（三）培养专业人才

高职体育科研的目标在于培养出一批具备卓越专业素养的人才，这些人才不仅仅要在体育领域具备深厚的学科知识，更要具备跨学科的综合素养。培养专业人才需要将理论知识与实践经验相结合，注重学生的创新思维和实际操作能力的培养。高职体育科研应该致力于建立一套科学合理的课程体系，以确保学生在学科领域的全面发展。这不仅包括对体育学科核心理论的深入讲解，更包括对相关学科知识的广泛介绍，以培养学生对于不同领域的综合理解。合理的课程设计能够确保学生在专业知识上具备坚实的基础，为将来的职业发展打下坚实的基础。高职体育科研需要注重实践能力的培养。理论知识固然重要，但真正的专业人才应该能够将理论知识应用到实际中。为此，高职体育科研应该加强实践教学，提供丰富的实践机会，让学生在实际操作中不断提高自己的实践能力。这包括体育运动技能的培养、实际项目的实施，以及在实际场景中解决问题的能力等方面的培养。在培养专业人才的过程中，高职体育科研也应该注重学生的创新能力。创新不仅是学科领域的推动力，更是专业人才在实际工作中的竞争力。为此，高职体育科研需要通过开设创新课程、组织学术研讨会等方式，激发学生的创新思维能力，培养他们解决实际问题的能力，使他们在未来的职业生涯中能够脱颖而出。高职体育科研还应该注重学生的团队协作能力。现代社会注重团队协作，专业人才需要具备在团队中协同工作的能力。因此，高职体育科研应该通过小组讨论、实际项目合作等方式，培养学生的团队协作精神，使他们在未来的工作中能够更好地适应团队合作的环境。高职体育科研还应该重视学生的终身学习能力。由于社会发展日新月异，专业人才需要不断地更新自己的知识体系，适应社会的变化。因此，高职体育科研应该通过开设终身学习课程、鼓励学生主动学习等方式，培养学生具备主动学习的意识和能力，使他们能够在职业生涯中持续不断地提升自己的专业水平。

高职体育科研的使命是培养一批既懂得专业知识，又具备实践能力、创新能力、团队协作能力和终身学习能力的专业人才。通过科学合理的课程设置、注重实践教学、激发创新思维、培养团队协作能力以及强调终身学习等方式，高职体育科研能够为社会培养出更多优秀的专业人才，推动整个体育领域的可持续发展。

（四）服务社会与促进健康

服务社会与促进健康是高职体育科研的重要使命。体育作为一种社会活动，不仅仅是运动与竞技，更是一个能够服务社会、促进健康的重要媒介。高职体育科研在这个过程中扮演了重要的角色，通过深入研究体育活动的影响，为社会提供更多的服务和促进健康的方法。高职体育科研通过对体育锻炼与身体健康之间的关系进行深入研究，为社会提供科学的锻炼方案。在现代社会，人们的生活方式日益快节奏，缺乏足够的锻炼已成为常态。高职体育科研可以通过研究不同年龄段、不同体质的人群，提供个性化的锻炼建议，促使社会更加注重体育锻炼，提高人们的整体健康水平。高职体育科研在研究运动对心理健康的影响方面起到了积极的作用。体育运动不仅仅是身体锻炼，更是一种有益于心理健康的活动。通过深入研究运动对情绪、压力和心理疾病等方面的影响，高职体育科研可以为社会提供更科学的心理健康干预方案，帮助人们更好地应对生活中的各种压力和挑战。在服务社会方面，高职体育科研还可以通过研究体育在社会融合与共建中的作用，推动社会的发展。体育活动具有集体性和社交性，通过研究体育在社区建设、文化传承等方面的作用，高职体育科研可以为社会提供更多的社会服务策略。这不仅能够促进社会的和谐发展，更能够为不同社会群体提供更多平等的参与机会。高职体育科研还能通过研究体育在特殊人群中的应用，为弱势群体提供更多关怀。通过深入研究残疾人、老年人、儿童等特殊人群在体育活动中的参与情况，高职体育科研可以为社会提供更具体的服务建议，促使这些特殊人群更好地融入社会，提高他们的生活质量。

高职体育科研在服务社会与促进健康方面扮演着不可替代的角色。通过深入研究体育的多个方面，高职体育科研为社会提供了更多的科学依据和实践经验，推动了体育在社会中的广泛应用。服务社会与促进健康已经不仅仅是高职体育科研的责任，更是一种社会责任，体育科研的不断发展将为构建更加健康和谐的社会做出更大的贡献。

## 二、科研在高职体育教育中具体应用方法

### （一）体育产业发展与管理

高职体育科研在推动体育产业发展与管理方面扮演着至关重要的角色。体育产业是一个多元化、综合性的领域，涵盖了体育竞技、体育赛事、体育健康等多个方面。高职体育科研通过深入研究体育产业的运作机制、市场需求以及管理方法，为促进体育产业的健康发展提供了理论支持和实践经验。在市场运作方面，高职体育科研通过对体育产业市场的深入分析，为相关企业提供了战略性的指导。市场是体育产业发展的关键因素之一，高职体育科研通过对市场的调查研究，能够为体育企业提供精准的市场定位和产品开发方向。这有助于企业更好地适应市场变化，提高产品的市场竞争力，推动整个体育产业向更加成熟和有序的方向发展。在人才培养方面，高职体育科研起到了关键作用。体育产业的发展需要各类专业人才，而高职体育科研通过深入挖掘体育产业的需求，为培养适应市场需求的专业人才提供了方向。通过为学生提供实践机会、实际项目参与等方式，高职体育科研能够培养出更加适应体育产业发展需要的复合型、实战型人才，为产业注入新鲜血液。在技术创新方面，高职体育科研通过对体育科技的深入研究，为体育产业的技术创新提供了重要支持。体育科技的不断进步，不仅提高了竞技体育的水平，更为体育产业的创新注入了新的动力。高职体育科研可以通过研究运动装备、数字化体育、虚拟现实等前沿技术，为体育产业的技术升级和创新提供理论指导和实践经验，推动体育产业不断向前发展。高职体育科研在文化传播方面也有积极作用。体育产业不仅仅是商业运作，更是一种文化的传承

和表达。高职体育科研通过对体育文化的深入研究，能够为体育产业提供更丰富的文化内涵，推动体育文化的创新和传播。这有助于提升体育产品的文化价值，加强体育品牌的文化认同，使体育产业更好地融入社会文化体系，从而推动整个产业的健康发展。

高职体育科研在推动体育产业发展与管理方面发挥了不可忽视的作用。通过深入研究市场、人才培养、技术创新和文化传播等多个方面，高职体育科研为体育产业提供了丰富的理论支持和实践经验。这有助于推动整个体育产业朝着更加多元化、创新和可持续的方向发展，为社会提供更多的体育文化服务，促进人们的身体健康和文化传承。

（二）运动训练与技术创新

高职体育科研在运动训练与技术创新方面起到了重要的作用。体育运动训练是一门复杂而综合性的学科，涉及运动生理学、运动心理学、运动技术等多个方面。通过深入研究这些领域，高职体育科研为提升运动员的竞技水平和推动运动技术的创新提供了有力的支持。运动生理学的深入研究为运动训练提供了科学依据。了解运动对身体的生理影响，包括心血管系统、肌肉骨骼系统等生理系统的变化规律，有助于制订更加科学、有效的运动训练计划。这种深入研究有助于更好地了解运动对身体的适应过程，为优化运动训练提供了理论基础。运动心理学的研究对提升运动员心理素质至关重要。了解运动员在训练和比赛中的心理状态、压力源和心理调适机制，有助于制订更有效的心理训练方案。这种深入研究为运动员提供了更好地应对各种压力和挑战的心理策略，提升了他们在比赛中的竞技水平。在运动技术方面，高职体育科研通过对不同项目的技术特点和训练方法的研究，为运动训练提供了科学的技术指导。通过分析运动员在训练和比赛中的技术问题，高职体育科研能够提供更切实可行的技术改进建议，推动运动员技术水平的不断提高。这种深入研究有助于挖掘和总结各种项目的最佳训练方法，为运动员提供更为科学的技术指导。在团队协作与战术方面，高职体育科研也有着深入的研究。运动项目中不仅需要个体技术的精湛，更需要团队协作和战术的高效执行。通过对团队协作与战术的分析研究，高职体育科研能够为教练员提供更多战术指导和团队培训的方法，使团队协作更为默契，战术执行更为精准。运动营养学的研究也是不可忽视的一部分。科学合理的饮食对于运动员的训练和竞技状态至关重要。高职体育科研通过研究运动员的能量需求、膳食结构等方面，为制订个性化的运动员饮食计划提供了科学依据，保障了运动员在训练和比赛中的营养需求，提升了其体能水平。

高职体育科研在运动训练与技术创新方面的研究丰富了体育科学的内涵。通过深入研究运动生理学、运动心理学、运动技术等多个方面，高职体育科研为运动训练提供了全方位的支持。这不仅有助于提高运动员的竞技水平，更推动了整个运动训练体系的不断完善，为我国体育事业的发展贡献了更多的力量。

（三）健康促进与运动医学

高职体育科研在体育健康促进与运动医学方面具有不可替代的作用。体育健康促进是体育领域的一个重要方向，旨在通过科学的运动方式提升个体的身体健康水平。运动医学则关注运动与医学之间的关系，研究运动对人体生理、心理的影响，以及运动在预防和治疗疾病中的作用。在体育健康促进方面，高职体育科研通过深入研究体育锻炼对身体健康的具体影响，为制订科学合理的锻炼计划提供了理论依据。通过研究运动对心血管系统、肌肉骨骼系统、免疫系统等的生理影响，高职体育科研能够为制定针对性的健康促进方案提供科学依据，提高人们的体质水平。运动医学方面的研究，使我们对运动与健康的关系有了深入认识。通过对运动对慢性病、代谢疾病等的防治作用的深入研究，高职体育科研为推广运动疗法提供了科学依据。这有助于引导人们在日常生活中通过适量的运动来预防和改善慢性疾病，促进整个社会的健康水平提升。在运动康复方面，高职体育科研也起到了关键作用。通过研究运动在康复过程中的作用，高职体育科研能够为康复医学提供更为科学的康复方案。这种综合的研究有助于医学界制订个性化、系统性的康复计划，提高患者康复效果，为运动作为康复手段的推广提供了科学支持。在特殊人群运动医学方面，高职体育科研也做出了积极的贡献。通过研究老年人、残疾人、儿童等特殊人群在运动中的适应性和效果，高职体育科研为这些人群提供了更加科学的运动建议。这有助于推动社会更全面地关注特殊人群的运动需求，为他们提供更为精准、有效的运动医学服务。在心理健康方面，高职体育科研通过深入研究运动对心理健康的影响，为运动作为心理健康促进手段提供了科学依据。通过了解运动对情绪、压力、焦虑等方面的影响，高职体育科研能够为制订更有效的运动心理健康促进方案提供理论基础，促使人们更多地运用运动作为维护心理健康的手段。

高职体育科研在体育健康促进与运动医学领域发挥了重要作用。通过深入研究运动对身体和心理健康的多方面影响，高职体育科研为制定科学合理的运动方案、推广运动疗法、提高康复效果以及促进特殊人群的运动医学服务等提供了深入的理论支持。这种科研工作为促进社会全面健康、提高人民生活质量提供了宝贵的参考成果。

（四）体育科技与数据分析

高职体育科技与数据分析是体育领域中不可或缺的两个方面，它们相互交织，共同推动着体育科研的发展。体育科技的崛起为数据分析提供了更多的可观测数据，而数据分析的深入研究为体育科技的创新提供了精准的方向。体育科技的应用使运动数据采集变得更加精准与全面。各种传感器、智能设备，可以实时监测运动员的生理参数、运动轨迹、力度等多个维度的数据。这为运动员的训练提供了更为详细和全面的信息，使训练过程科学和个性化。在运动装备方面，体育科技的发展也为运动员提供了更为智能化的装备。例如，智能穿戴设备可以监测运动员的姿势、肌肉状况，为训练提供实时反馈。这种科技的应用不仅提高了运动员的训练效果，也推动了运动装备的创新和智能化发展。体育科技与数据分析的结合为教练员提供了科学的战术指导。通过深入分析比赛中的各项数据，教练员能够更准确地了解对手的弱点、队员的优势，并根据实际情况调整战术。这种数据驱动的战术分析使体育比赛更加精彩和变化多端，也提高了战术执行的效果。在运动医学方面，体育科技的发展为运动员的健康提供了更为科学的保障。生物传感技术、健康监测设备等，可以实时监测运动员的身体状况，及时地发现潜在的健康问题。这种健康监测不仅有助于防范运动损伤，更为运动员提供了科学的康复方案，加速康复过程。在数据分析方面，运动数据的深入挖掘为科研提供了更多的可能性。通过分析大量的运动数据，教练员可以发现运动员的潜在能力、训练中的"瓶颈"以及优化训练方案的途径。这种大数据分析为体育科研提供了更多的研究方向，推动了体育科研的深度与广度。在智能化教育与培训方面，体育科技与数据分析的结合也发挥了积极作用。虚拟现实技术、智能教学系统等，可以为运动员提供更为直观、高效的培训方式。这种智能化教育不仅提高了运动员的学习效果，更为教练员提供了科学的培训工具。

高职体育科技与数据分析的结合在多个方面推动着体育科研的发展。它不仅提高了运动员的训练水平，也为教练员提供了精准的战术指导。体育科技的不断创新与数据分析的深入研究共同推动了整个体育领域的科技化升级，为体育运动的未来发展注入了新的活力。

# 第二节　科学化训练方法的理论基础

## 一、高职体育教育运动学与生理学基础

### （一）高职体育教育中人体结构与骨骼系统

高职体育教育中，对人体结构与骨骼系统的深入了解，对于培养学生的运动素质和实际运动能力至关重要。人体结构与骨骼系统是构成人体的基本组成部分，对于理解运动机制、提高运动技能以及预防运动损伤都有着重要作用。

人体结构是指人体各个器官、组织和细胞之间的结构组织关系。了解人体的结构可以帮助教育者更好地指导学生进行运动训练。通过对人体骨骼、肌肉、关节等结构的深入研究，教练员可以确定合理的运动动作和姿势，从而提高运动技能的水平。对人体结构的理解还有助于合理设计运动训练方案，使学生能够有效地提高运动能力。骨骼系统是人体结构的一个重要组成部分，包括骨骼、关节和韧带等。骨骼系统是支撑和保护人体内脏器官的框架，也是运动的基础。通过对骨骼系统的深入了解，教育者可以更好地引导学生进行各类体育运动。对人体结构和骨骼系统的了解还有助于预防运动损伤。在高强度的体育锻炼中，不合理使用身体部位可能导致肌肉、韧带或骨

骼的损伤。通过深入了解人体结构和骨骼系统，教育者可以更好地指导学生进行运动，防范运动损伤的发生。合理的运动姿势和训练方案有助于减少运动对身体的负荷，降低损伤风险。人体结构和骨骼系统的研究也涉及运动生理学和解剖学等学科。通过对运动生理学的研究，教育者可以了解人体在运动过程中的生理变化，为制订科学合理的训练计划提供依据。解剖学的研究则有助于深入了解人体各部位的结构特点，为运动技能的精细训练提供科学指导。

人体结构与骨骼系统是高职体育教育中的重要学科内容。深入了解人体结构和骨骼系统有助于提高运动技能水平，科学设计运动训练方案，预防运动损伤的发生。通过结合运动生理学和解剖学等相关学科的研究，教练员可以全面地理解人体运动的本质，为高职体育教育提供科学的理论基础和实践指导。

（二）高职体育教育中的肌肉生理与运动力学

肌肉生理与运动力学在高职体育教育中占有重要地位。肌肉生理研究着眼于肌肉组织的构造和功能，而运动力学关注运动过程中的力学特性。两者结合起来，不仅能够深入剖析人体运动的生理基础，还能为高职体育教育提供科学依据，促进学生的运动能力和体能水平的全面提升。肌肉生理的研究涉及肌肉组织的结构和功能。

肌肉是人体重要的运动器官之一，其生理特性直接关系到运动过程中的力量、耐力和协调性。对肌肉的结构与功能进行深入探讨，可以更好地理解运动员的运动潜力，为教学提供科学的理论基础。肌肉收缩是肌肉生理中的重要概念。肌肉在运动中的收缩是通过肌肉纤维的协同作用实现的。对肌肉收缩机制的深入研究有助于解析肌肉在不同强度和持续时间的运动中的适应性变化，为高职体育教育提供合理的训练方法和强度控制。肌肉的能量代谢也是肌肉生理的重要内容之一。在不同运动强度下，肌肉对能量的利用方式不同，包括无氧能量和有氧能量。深入研究肌肉的能量代谢，可以为运动员提供更为科学合理的能量供给策略，以提高运动的持久性和耐力。

运动力学研究则关注运动的力学特性，包括力、速度、加速度等因素。这有助于解析运动员在不同运动中的力学规律，优化动作技能，提高运动效能。运动力学研究还能够揭示运动员的关节运动特点，为运动技能的改进和训练提供依据。关节力学是运动力学中的重要分支，研究关节在运动过程中的力学特性。通过对关节力学的研究，研究者可以深入了解骨骼系统在运动中的协调性和平衡性，为教学提供合理的动作指导和预防运动损伤的方法。动作分析是运动力学的应用之一，通过记录和分析运动员的动作，揭示动作中的力学规律。运用动作分析可以帮助教师更好地理解学生的动作技能水平，有针对性地进行技能指导和训练，提高学生的运动表现。

综合肌肉生理与运动力学的研究，可以为高职体育教育提供科学的理论支持和实践指导。深刻理解肌肉生理和运动力学的关系，有助于教师更好地指导学生进行科学合理的体育训练，提高学生的运动水平，培养学生的运动技能和运动素养，从而推动整个高职体育教育领域的不断发展。

（三）高职体育教育中的心血管系统与运动生理学

在高职体育教育中，对心血管系统和运动生理学的深入研究是理解运动过程中生理变化的关键。心血管系统包括心脏和血管，与运动生理学密切相关，直接影响身体对运动的适应和反应。深刻理解心血管系统的结构和运作机制，以及运动生理学的变化规律，有助于教师更科学地设计体育训练方案，提高学生的运动水平和体能素质。心血管系统是维持生命的重要组成部分，其主要任务是通过心脏泵血，将氧气和养分输送到全身组织。在运动时，心血管系统发挥着更为重要的作用，以满足身体对氧气和营养的增加需求。心脏的收缩和舒张过程，以及血管的张力调控，直接影响运动时血液的输送效果。了解血管系统的生理特点有助于教师更好地把握运动员的心血管适应性，制订科学合理的训练计划。运动生理学研究了运动对身体的生理影响。在高职体育教育中，运动生理学的应用可以帮助教师深入了解运动时身体内部的变化，包括心血管系统的调节、呼吸系统的适应和能量代谢的变化等。通过观察运动过程中的生理指标，如心率、血压、呼吸频率等，教师可以及时发现学生的身体适应情况，调整训练强度和方式。心血管系统和运动生理学的结合，对体育训练有着深远的影响。在运动过程中，心血管系统需要更有效地调节血液流动，以适应肌肉对氧气和能量的更高需求。了解这一过程，有助于教师更好地设计有针对性的有氧和无氧运动训练，提高学生的耐力和心血管适应性。运动生理学的研究也凸显了身体在运动中的耗能和代谢机制。运动时，身体需要更多的能量来维持肌肉收缩和运动功能。了解运动生理学的基本原理，有助于教师制订合理的饮食和营养计划，为学生提供足够的能量，保障运动训练的效果。

心血管系统与运动生理学的研究为高职体育教育提供了深刻的理论支持。通过深入理解身体在运动中的生理变化，教师可以科学地设计训练方案，提高学生的运动水平和身体素质。这种理论的融合不仅对高职体育教育的实际教学产生积极影响，也有助于推动整个体育科学领域的发展。

（四）高职体育教育中的神经系统与运动协调

在高职体育教育中，神经系统与运动协调是重要的领域，它涉及理解和提高学生运动技能的关键方面。神经系统在人体运动中发挥着关键的作用，而运动协调是体现神经系统协同工作的表现。深入研究神经系统与运动协调的关系对于更好地指导学生进行体育运动和提高运动技能水平具有重要的意义。神经系统对于人体运动的调控至关重要。神经系统由中枢神经系统和外周神经系统组成，其中中枢神经系统包括大脑和脊髓。大脑是人体运动的指挥中心，通过神经冲动调控肌肉的收缩和松弛，实现精密的运动控制。脊髓作为神经冲动的传导通道，负责将大脑的指令传递到肌肉，实现各种运动的协调和执行。运动协调是神经系统与肌肉协同工作的结果。协调是指各个肌肉和关节之间的有序配合，以实现平衡、稳定和精准的运动。在体育运动中，良好的运动协调能够使运动员在进行各类的动作时流畅和高效。通过对神经系统的控制和对肌肉的协调调动，运动员可以实现更为精密的技能动作，提高运动表现。在高职体育教育中，理解神经系统与运动协调的关系有助于教育者针对性地进行教学。教育者可以通过深入研究神经系统的结构和功能，更好地指导学生进行运动训练。了解神经系统的工作原理，有助于教育者更有针对性地设计运动技能训练方案，提高学生的技能水平。了解神经系统与运动协调的关系也有助于更好地解析学生运动技能上的问题。通过对学生运动过程中神经系统与运动协调的分析，教育者可以发现学生在协调方面存在的问题，进而提供相应的指导和训练。这有助于学生更好地理解和改进运动技能，提高其运动表现水平。在高职体育教育中，神经系统与运动协调的研究还涉及神经可塑性等方面的内容。神经可塑性是指神经系统对外界刺激的适应能力，训练和学习可以改变神经系统的结构和功能。了解神经可塑性的原理，有助于教育者更好地设计运动训练方案，促进学生运动技能的改进和提高。

高职体育教育中神经系统与运动协调的研究具有重要的理论和实践意义。通过深入了解神经系统的结构和功能，以及神经系统与运动协调的关系，教育者可以科学地指导学生进行运动训练，提高学生的技能水平。对神经可塑性等方面的研究也为更好地理解学生运动技能的发展提供了新的视角。这些研究成果为高职体育教育的不断优化和提升提供了理论和实践的支持。

### 二、高职体育教育心理学与教育学基础

#### （一）高职体育教育中学习理论与认知心理学

高职体育教育中的学习理论和认知心理学是两个相辅相成的重要领域。学习理论关注学习的本质、过程和影响因素，而认知心理学则研究思维、记忆、学习等心理过程。两者结合，为高职体育教育提供了深刻的理论基础，有助于理解学生的学习特点，制定有效的教学策略，提高教学效果。学习理论着重分析学生的学习行为和学科知识的习得。在高职体育教育中，学习理论对教师了解学生的学科兴趣、学科认知结构和学科习得规律等方面提供了指导。通过对学习理论的研究，教师能够更好地设计教学内容，满足学生的学科需求，推动学生对体育知识的深度理解。认知心理学研究学生的认知过程，包括知觉、记忆、思考和问题解决等方面。在高职体育教育中，认知心理学的应用有助于教师深刻了解学生在学科学习中的认知特点，为个性化教学提供科学依据。通过研究学生的学科认知过程，教师可以更有针对性地设计教学活动，提高学科知识的消化和应用能力。在学习理论的框架下，重视学生的学习体验和主动性，强调学习的自主性和目标导向性，对高职体育教育而言尤为重要，因为学科的学习涉及实际的动作和操作。通过关注学生的学科体验，教师能够更好地激发学生的学科兴趣，促进学科知识的积极习得。认知心理学的研究对教师的教学方法提出了挑战。认知心理学强调学生的思维过程和知觉方式，这意味着教师需要更多地关注个体差异，制定灵活

多样的教学策略。通过深入研究学生的认知特点，教师可以更好地应用个性化教学方法，从而提高学生的学科学习效果。

学习理论和认知心理学的结合对于高职体育教育的创新至关重要。通过深刻理解学生的学习过程和认知特点，教师可以更好地解决学科教学中的难题，提高学生的学科水平。这种结合为高职体育教育提供了理论支持和方法指导，有助于推动整个领域的进步。

（二）高职体育教育中人格心理学与运动员心理素质

高职体育教育中，人格心理学与运动员心理素质是密切相关的重要领域。人格心理学关注个体的心理结构和特质，而运动员心理素质是指运动员在体育竞技中表现出来的心理品质和能力。深入研究这两者的关系对于更好地理解和指导学生运动员的心理素质培养具有重要价值。人格心理学的研究有助于了解运动员的个性特征。人格是个体在行为和思维方面表现出来的相对一致和稳定的心理特质。了解运动员的人格特征，教育者可以更好地了解其在竞技场上的行为和反应。例如，一位具有领导力和团队协作能力的运动员可能更适合团体项目，而一个富有竞争性的人格特质可能使运动员在个人项目中更为出色。人格心理学的研究还有助于预测运动员在不同环境下的心理适应能力。个体的人格特征会影响其对于压力、竞争和团队协作的适应能力。通过对运动员的人格心理特征进行分析，教育者可以更好地为其提供个性化的心理训练，以增强其面对竞技环境的心理适应性。运动员心理素质是个体在体育竞技中表现出来的心理品质和能力。这包括但不限于自信心、耐压力、集中注意力、意志力等方面的素质。这些心理素质对于运动员在比赛中的表现和发挥具有决定性的作用。对运动员心理素质的培养需要结合个体的人格特征进行考虑。例如，一个自信心较强的运动员可能更容易应对压力，但在处理失败时可能需要更多的心理支持。了解运动员的人格心理特征有助于教育者更有针对性地进行心理辅导，帮助他们更好地发挥潜力。人格心理学的研究也为运动员的团队协作提供了一定的指导。在团体项目中，了解每个运动员的人格特征有助于形成更为和谐和高效的团队协作氛围。教育者可以通过激发每个运动员的个性优势，从而推动整个团队的发展。

在高职体育教育中，人格心理学与运动员心理素质的关系是一个综合性的研究领域。深入探讨这两者的关联，有助于教育者更全面地了解学生运动员的心理特征和素质，从而为其提供更为个性化和有效的培训和辅导。这样的研究不仅有助于提升运动员在比赛中的表现，还有助于培养他们具备长期竞技生涯所需的心理素质和人格品质。

（三）高职体育教育中社会心理学与团队协作

在高职体育教育中，社会心理学与团队协作的关系至关重要。社会心理学研究人们在社会环境中的思维、情感和行为，而团队协作则是体育运动中不可或缺的一部分。深入探讨社会心理学与团队协作的关联，有助于更好地理解和引导学生在集体体育运动中的行为和互动。社会心理学的研究可以帮助教育者了解团队中个体的社会认知和情感。个体在团队中的行为和互动受到社会心理过程的影响，如社会认知（包括自我概念和他人概念）、社会认同（包括对团队的认同感）、社会影响（包括集体认知和社会规范）等。了解这些社会心理过程有助于教育者更好地理解学生在团队协作中的动机和行为表现。社会心理学的研究可以为团队建设提供指导，团队协作需要团队成员之间的相互理解、信任和合作，而社会心理学关注人与人之间的关系，对于团队中的人际关系和沟通具有重要的研究意义。教育者可以通过社会心理学的理论和方法，引导学生建立积极的团队氛围，促进成员之间的良好沟通和协作。社会心理学的研究还关注群体动力学和领导力等方面。了解团队中的社会心理过程有助于教育者更好地发挥团队中的领导作用，促使团队成员更好地共同努力。群体动力学研究表明，团队中的社会互动和群体认知对于整体团队绩效具有重要影响。因此，教育者可以运用社会心理学的理论，激发学生的团队凝聚力和合作意愿，促进团队整体表现的提升。在高职体育教育中，团队协作不仅是体育运动的一部分，也是学生综合素质培养的关键环节。通过社会心理学的研究，教育者可以更深入地了解学生个体在团队中的心理特征和需求，为他们提供更为个性化和有针对性的团队协作指导。

社会心理学与团队协作在高职体育教育中相辅相成，互相促进。社会心理学的理论和方法为教育者提供了深入了解学生在团队中的行为和互动的途径，为团队协作的引导和促进提供了理论支持。在团队协作中，理解社会心理学的相关知识有助于更好地发挥团队的潜力，促使学生在团队运动中更好地发挥个人特长，从而实现整体团队的卓越表现。

（四）高职体育教育中教育心理学与体育教学

在高职体育教育中，教育心理学与体育教学相互交融，为教师提供了深刻的理论指导和实践支持。教育心理学关注学习和教学过程中的心理活动，而体育教学侧重培养学生的运动技能和体育素养。两者相互结合，有助于教师更好地理解学生的学习特点，制定个性化的教学方法，提高体育教学的质量。教育心理学的研究涉及学生的认知、情感和社会性发展。在体育教学中，教育心理学的应用使教师能够更好地理解学生的学科认知过程，把握学科学习的关键节点。通过了解学生的情感状态，教育心理学还能帮助教师更好地调动学生的学习兴趣，激发他们参与体育活动的积极性。个体差异是教育心理学关注的重要内容之一。在高职体育教育中，学生的体能水平、技能掌握程度以及学科兴趣各不相同。通过深入了解个体差异，教育心理学为教师提供了制定差异化教学策略的理论依据。这样的策略有助于满足不同学生的学科需求，提高整体教学效果。体育教学中的动机问题也是教育心理学研究的焦点。通过了解学生的动机水平，教师可以调整教学方法，提高学生对体育学科的学习兴趣和投入度。教育心理学的动机理论为体育教育提供了提高学生学科参与度的方法和手段。在体育教学中，认知心理学的概念也得到了广泛应用。认知心理学关注学生的思维过程和知觉方式，有助于教师更好地理解学生在体育活动中的信息处理和运动技能学习。通过运用认知心理学的原理，教师可以更有针对性地进行技能指导，提高学生的运动技能水平。社会心理学的研究成果同样在体育教学中发挥作用。体育活动通常是团队合作的过程，了解学生在团队中的社会交往和沟通方式，有助于教师更好地促进学生的团队协作能力，提高整体团队的运动表现。

教育心理学与体育教学的结合丰富了体育教育的理论体系。通过深入理解学生的心理特点，教师可以更好地指导学生进行体育活动，提高其体育素养和综合素质。这种结合不仅对高职体育教育的实际教学产生积极影响，也有助于推动整个体育科学领域的发展。

# 第三节　体能训练在高职体育中的应用

## 一、高职体育中的体能训练的理论基础

### （一）有氧能力的理论基础

有氧能力是高职体育教育中一个重要的理论基础，它直接关系到学生在体育活动中的持久性和耐力表现。有氧能力指的是机体在氧气参与下，通过呼吸和血液运输氧气，从而产生足够的能量维持运动的能力。深入理解有氧能力的理论基础，对于科学合理地设计体育训练方案和提高学生的运动水平至关重要。心肺系统是有氧能力的核心组成部分。心肺系统包括心脏和肺部，它们共同协作以确保血液中氧气的输送和利用。心脏负责将氧气富集的血液泵送到全身，而肺部则负责将氧气从空气中吸入血液。通过深入了解心肺系统的结构和功能，教师可以更好地把握学生心肺系统的适应性变化，并制订个性化的体育训练计划。氧气的运输和利用也是有氧能力理论基础的重要内容。在运动中，机体需要更多的氧气来产生足够的能量。了解氧气在血液中的运输方式以及在细胞内的利用过程，有助于教师更好地解析学生在有氧运动中的能量代谢机制。这种理论基础为教师提供了制定科学合理的有氧运动训练方案的依据。有氧能力的评估方法也是理论基础的一部分。通过测量学生在有氧运动中的最大氧气摄取量（$VO_2max$），教师可以客观地评估学生的有氧能力水平。了解评估方法的原理和应用范围，有助于教师更好地把握学生的运动水平，指导个性化的训练计划。训练原则是有氧能力理论基础的关键内容之一。了解有氧训练的原则，如频率、强度、时间和类型（FITT原则），有助于教师科学地安排学生的有氧训练计划。掌握训练原则也能够帮助教师更好地调整训练强度和时长，以达到提高学生有氧能力的目标。

有氧能力的理论基础在高职体育教育中具有重要的指导意义。通过深入研究心肺系统、氧气运输和利用机制、评估方法以及训练原则，教师可以更好地设计有针对性的有氧训练计划，从而提高学生的持久力和耐力水平。这

种理论基础为高职体育教育的实际教学提供了科学依据，有助于培养学生的综合素质和提升整体运动水平。

（二）无氧能力的理论基础

无氧能力是高职体育训练中一个关键的理论概念，它涉及机体在短时间内产生大量能量的能力，特别是在进行高强度、短时间的运动时。无氧能力的理论基础主要包括以下几个方面：能量系统的理论。无氧能力的理论基础之一是能量系统的理论。机体内有三个主要的能量系统，即磷酸原供能系统、糖酵解系统和有氧系统。其中，无氧能力主要与磷酸原供能系统和糖酵解系统有关。这两个系统能够在短时间内提供大量能量，但不能长时间地维持运动。了解这些能量系统的特点有助于设计合理的训练方案，提高运动员的无氧能力。乳酸阈的概念。乳酸阈是指在进行高强度的运动时，乳酸在机体内积累的速度与清除的速度达到平衡的状态。乳酸阈的提高意味着机体更能有效地处理乳酸，延缓了运动时乳酸积累的速度，从而提高了无氧能力。对乳酸阈的理解有助于制订科学合理的训练计划，以提高运动员的无氧代谢水平。神经肌肉适应的理论。无氧能力的提高与神经肌肉适应密切相关。在进行高强度的无氧运动时，神经系统会产生适应性变化，提高神经传导速度和神经肌肉协调性，从而增强运动员的爆发力和快速反应能力。理解神经肌肉适应的机制有助于更有针对性地进行训练，以提高无氧能力。心血管系统的适应。无氧能力的提高还与心血管系统的适应密切相关。在高强度运动中，心血管系统需要更强大的泵血能力，以确保足够的氧气和营养物质输送到活动的肌肉组织。心血管系统的适应包括心肌的增大、心排血量的增加等，这些适应性变化有助于提高运动员在高强度运动中的无氧耐力。酸碱平衡的调节。无氧运动产生的大量乳酸会导致酸碱平衡的紊乱。了解酸碱平衡的调节机制对于理解无氧能力的形成和提高具有重要意义。体内的酸碱平衡对运动员在高强度运动中的表现和康复具有直接的影响。

在高职体育训练中，深入理解和应用无氧能力的理论基础，有助于制订科学合理的训练方案，提高运动员在高强度、短时间运动中的表现水平。这种理论基础不仅涉及生理学层面的变化，还包括神经、心理等多方面的适应性调节，为提高运动员整体素质和竞技能力提供了理论指导。

（三）肌肉力量与耐力的理论基础

肌肉力量和耐力是高职体育教育中至关重要的理论基础，它们直接关系到学生在体育活动中的表现和发展。深入理解肌肉力量和耐力的理论基础，有助于教师科学合理地设计体育训练方案，提高学生的运动水平和身体素质。

肌肉力量是肌肉对外界抵抗力的能力，其理论基础主要包括肌肉结构、神经控制和生理反应等方面。了解肌肉的组织结构，包括肌纤维和肌肉纤维的种类，有助于教师深刻理解肌肉力量的生理基础。神经系统对肌肉力量的控制是肌肉运动的关键，通过深入研究神经—肌肉连接的机制，教师能够更好地引导学生进行肌肉力量训练。

肌肉耐力则是指肌肉在持续或重复性运动中的表现能力，其理论基础包括肌肉能量代谢、血液循环和神经系统协调等方面。了解肌肉的能量代谢机制，包括有氧和无氧代谢，有助于教师更好地设计肌肉耐力训练方案。血液循环对于肌肉耐力的维持起着关键作用，通过深入研究血液输送氧气和养分的过程，教师可以更好地调整训练强度和时长。神经系统的协调对于肌肉的持续运动也至关重要，通过了解神经调控的机制，教师可以更好地引导学生进行肌肉耐力训练。肌肉力量和耐力的评估方法是理论基础的关键内容之一。通过测量学生的最大肌肉力量和耐力水平，教师可以客观地了解学生的肌肉表现，为制订个性化的训练计划提供科学依据。了解不同肌肉力量和耐力测试的原理和应用范围，有助于教师更好地评估学生的运动水平。肌肉力量和耐力的训练原则也是理论基础的关键内容。通过了解肌肉力量和耐力训练的原则，如重量、重复次数、休息时间等，教师可以科学地安排学生的训练计划。掌握训练原则也能够帮助教师更好地调整训练强度和时长，以达到提高学生肌肉力量和耐力水平的目标。

深入理解肌肉力量和耐力的理论基础对于高职体育教育的实际教学具有重要的指导意义。通过深入研究肌肉结构、神经控制、能量代谢、血液循环、评估方法以及训练原则，教师可以更科学地设计肌肉力量和耐力训练方案，提高学生的综合素质和整体运动水平。这种理论基础为高职体育教育的发展提供了科学依据，有助于推动整个体育科学领域的进步。

（四）柔韧性与协调性的理论基础

柔韧性和协调性是高职体育训练中不可或缺的重要因素，它们构成了运动员整体素质的基石。柔韧性是指肌肉和关节在一定范围内能够自由伸展的能力，而协调性则是身体各部分有机协同工作的能力。这两者相辅相成，共同为运动员在比赛和训练中取得更好表现提供支持。在运动训练中，柔韧性不仅仅是被动的拉伸，更是一种主动的肌肉控制。科学合理的训练，可以使得肌肉和关节的活动范围得到显著提升，增强运动员在复杂动作中的灵活性。协调性则需要通过各种复合动作的训练，使得不同部位的肌肉能够协同工作，动作执行精准。这不仅要求运动员在肌肉力量上均衡发展，还需要培养其对身体各部位的精准感知和控制能力。在柔韧性方面，训练的重点应当放在整体的伸展和舒展上。多角度、多方向的伸展动作，可以全面地刺激肌肉和关节，使其逐渐适应广泛的运动范围。动态伸展和静态伸展相结合的方法可以在活动前后分别进行，以达到最佳效果；各种辅助工具和器械，如橡皮带、瑜伽球等，可以更好地实现对特定肌肉群的精准拉伸。协调性的训练则需要注重多层次、多层面的动作组合，通过模拟实际比赛中的复杂场景，设计各种复合动作，要求运动员在动作执行中保持稳定、流畅且精准。这既包括上肢和下肢的协调，也包括身体的协调运动与视觉感知的协同。反复训练可以提高运动员在不同运动场景下的应变能力，使其更加适应比赛中的复杂环境。

柔韧性和协调性的训练是高职体育训练中的重要环节，直接关系到运动员的整体表现和竞技成绩。通过科学合理的训练方法，可以有效地提升运动员的柔韧性和协调性水平，为其在比赛中展现出色的技术和战斗力提供强有力的支撑。

## 二、高职体育中的体能训练方法与实践

（一）有氧能力训练方法与实践

在高职体育训练中，有氧能力的训练方法和实践是培养学生持久耐力和提高心肺健康的关键。有氧训练以增加心肺系统的适应性为目标，通过科学合理的设计，能够提高学生在长时间和中低强度运动中的表现。以下是关于

有氧能力训练的方法和实践的论述。有氧训练的基本方法之一是持续性有氧运动。这类运动包括慢跑、游泳、骑自行车等，其特点是低至中等强度，持续时间较长。持续性有氧运动可以有效地提高心肺系统的适应性，促使心脏更有效地泵血、肺部更有效地吸氧。通过在适当的强度和时间范围内进行这类运动，学生的有氧能力可以显著提升。间歇性有氧训练也是一种重要的方法。这种训练方式将高强度和低强度运动交替进行，旨在提高心血管系统的适应性。例如，高强度的短跑或踢毽子，与低强度的慢跑或步行交替进行。通过这种训练方式，学生的心肺系统将更好地适应不同强度的运动，提高在不同运动强度下的耐力水平。有氧训练中心率的监测是一项重要的实践。学生在进行有氧运动时，通过监测心率可以更直观地了解自己的运动强度，确保在适当的心率区间内进行训练。心率监测有助于教师更好地指导学生掌握适宜的运动强度，避免训练过度或不足，提高其训练效果。在实际训练中，变化运动形式是促使学生保持兴趣和提高训练效果的重要手段。学校通过引入不同的有氧运动，如游泳、跳绳、有氧健身操等，可以使学生在训练中保持新鲜感，增加运动的多样性，激发学生的积极性。另一个实践中需要关注的方面是训练计划的个性化。由于学生的体能水平和身体状况各异，制订个性化的有氧训练计划是至关重要的。教师应该根据学生的实际情况，包括年龄、健康状况、运动经验等，调整训练强度、时长和频率，确保训练计划对每个学生都是切实可行和有效果的。

有氧能力的训练方法与实践在高职体育训练中具有重要的意义。通过合理选择有氧运动、采用不同的训练方式、监测心率、变化运动形式以及制订个性化的训练计划，可以有效地提高学生的有氧能力水平，为其身体素质和运动水平的全面提升奠定基础。这种科学合理的训练方法和实践不仅有助于学生在体育活动中更好地发挥潜力，也有助于培养他们养成持续运动的良好习惯，维护身体健康。

（二）无氧能力训练方法与实践

无氧能力训练是高职体育训练中的一项重要内容，通过有针对性的方法和实践，可以显著提升运动员的体能水平。这种训练注重的是短时间内高强度的运动，旨在让运动员在短时间内迅速达到高强度运动状态，并在此状态下保持较长时间的耐力。在无氧能力训练中，间歇训练是一种常见且有效的方法。运动员通过间歇性的高强度运动和低强度活动的交替，可以在短时间内迅速提高无氧能力。这种方法既可以模拟比赛中的实际情况，又能够有效地激发运动员的激情和竞技欲望，促使其在训练中充分发挥潜力。在实践中，利用各种运动器械和器材进行负重训练也是无氧能力训练的一种重要手段。运动员通过负重训练，可以有效地提高力量水平，从而在高强度运动状态下能够更好地适应身体的负荷。这种训练不仅可以锻炼运动员的肌肉力量，还可以增强其韧性和爆发力，使其在比赛中更具竞争力。除了间歇训练和负重训练，高强度的爆发性运动也是无氧能力训练的重要组成部分。运动员通过进行一系列的爆发性动作，如冲刺、跳跃等，可以有效地激活肌肉纤维，提高其爆发力和快速反应能力。这种训练方法不仅可以增强运动员在比赛中的爆发性，还可以提高其应对突发状况的能力，增强整体战斗力。在无氧能力训练中，心肺耐力的提升也是至关重要的。通过进行高强度的有氧运动，如慢跑、踏步等，可以有效地提高心肺功能，增强其在高强度运动状态下的持久力。这种训练方法可以使运动员更好地适应比赛中的激烈环境，延缓疲劳的发生，提高整体的比赛耐力。

无氧能力训练是高职体育训练中的重要组成部分，多种方法的灵活组合和实际操作可以有效提高运动员的体能水平，使其在比赛中更具竞争力。这种训练不仅要求运动员在短时间内迅速达到高强度运动状态，还要求其能够在此状态下保持较长时间的耐力，以应对比赛中的各种挑战。

（三）肌肉力量与耐力训练方法与实践

肌肉力量与耐力是高职体育训练中至关重要的要素，对学生的身体素质和运动表现具有深远的影响。深入理解肌肉力量与耐力的训练方法与实践，对于制订科学合理的体育训练计划至关重要。肌肉力量训练方法包括多种形式。重量训练是其中一种重要方式，通过负重训练来刺激肌肉，促使其适应性增强。这可以通过举重、器械训练等方式来实施。利用自身体重进行训练，如俯卧撑、引体向上等，也是有效的肌肉力量训练方法。合理选择和组合这些训练方法，有助于全面发展学生的肌肉力量。肌肉耐力训练方法同样多种多样。高重量、低次数的力量训练能够增强肌肉质量，而低重量、高次数的训练则有助于提高肌肉耐力。有氧运动也可以作为一种肌肉耐力训练的方式，例如慢跑、游泳等。合理地组织和安排这些训练方式，可以提高学生的肌肉耐力水平。在实践中，注意训练的逐步进阶是非常关键的。过快提升训练强度可能导致伤害。因此，教练员应该根据学生的实际状况，逐渐增加训练的难度和强度。逐步进阶的训练有助于肌肉的适应性增强，减少运动损伤的风险。综合训练也是一种有效的实践方式，将肌肉力量与耐力的训练相结合，通过综合性的训练计划，全面提高学生的身体素质。例如，在一周训练计划中交替进行力量训练和耐力训练，有助于达到更好的训练效果。个性化的训练计划是体育训练中非常重要的一环。不同学生的体质差异较大，因此教练员应该根据个体差异制订不同的训练计划。一些学生可能更适合进行力量型训练，而另一些学生可能更适合进行耐力型训练。了解学生的个体特点，有助于教练员制定更切实可行的训练方案。

肌肉力量与耐力的训练方法与实践是高职体育训练中的关键环节。通过合理组织多样化的训练方式，逐步进阶训练强度，综合性地训练肌肉力量与耐力，并根据个体差异制订个性化的训练计划，教练员可以更好地提高学生的整体体能水平，为其在体育活动中取得更好的成绩打下坚实基础。这种科学合理的训练方法和实践不仅有助于学生在运动中表现出色，也对其身体素质和综合能力的全面提升产生积极影响。

（四）柔韧性与协调性训练方法与实践

柔韧性和协调性在高职体育训练中占据着至关重要的地位。柔韧性的培养需要结合多角度、多层面的动作，通过综合的训练方法使肌肉和关节能够充分发挥其伸展和舒展的潜力。这包括动态伸展和静态伸展的结合，以及借助辅助工具进行精准拉伸，全面提升身体各部位的柔韧性。协调性的训练要求运动员通过不同难度和复杂度的动作组合，全面提升肌肉协同工作的水平，并通过模拟比赛场景中的复杂运动，训练自身在动作执行中保持高度稳定和流畅，培养其对身体各部位的精准感知和控制。这需要不同运动部位之间的有机协调，以及对动作整体流程的深刻理解，通过反复实践逐步形成稳健的协调性。在柔韧性方面，训练方法可以包括伸展操、瑜伽以及不同运动项目中的特定动作模拟。通过多样性的训练手段，运动员能够全面地感知身体的伸展程度，逐步扩大肌肉和关节的活动范围，并通过运用反复的练习，使身体在各种运动状态下适应不同的伸展需求，培养运动员对自身柔韧度的敏感性。协调性的训练可以通过采用不同的运动模型、多变的训练环境以及视觉和听觉等多感官刺激，促使运动员对身体运动的感知全面。这包括复合动作的组合，通过模拟比赛场景，使运动员在高压力下也能够保持协调性。运用各种辅助工具，如平衡球、橡皮带等，进行专项协调性训练，能有针对性地强化不同运动部位之间的协调性。

柔韧性与协调性的训练方法需要灵活运用，注重多样性和个体差异。柔韧性的培养既要关注整体活动范围的拓展，也要注意在具体运动中的适用性；协调性的训练则需要在各种复杂情境下进行，通过动作的多样性和变化性，使运动员对不同运动情境有敏锐的感知力和反应能力。通过科学、系统的实践，不断深化柔韧性和协调性的训练，能够全面地提高运动员的整体素质，为其在比赛中取得出色的表现提供有力支撑。

# 第五章　高职体育教育评价与质量保障

## 第一节　教育质量评价体系的建立

### 一、高职体育教育评价体系设计原则与框架

（一）高职体育教育评价体系设计原则

高职体育教育评价体系的设计应该遵循一系列的原则，以确保评价体系既科学合理又能够全面准确地反映学生在体育教育方面的表现和成就。以下是设计高职体育教育评价体系的一些关键原则。综合性原则评价体系应该涵盖多个方面，包括但不限于体育技能、体育知识、身体素质、团队协作能力等。通过综合评价，教师可以全面地了解学生在体育领域的整体表现。目标导向原则评价体系应该与教育目标紧密对齐，能够反映出学生在体育教育中所期望达到的各项目标。这有助于提升评价的有效性和对学生发展的指导作用。个性化原则考虑到学生个体差异，评价体系应该允许灵活性，以适应不同学生的发展需求。个性化评价有助于更好地促进学生的个体发展。时序性原则评价应该在不同阶段进行，而不仅仅是结束时。时序性评价可以及时地发现学生在学习过程中的问题，有助于教师及时调整教学策略和提供更有针对性的支持。可操作性原则评价指标应该是具体可操作的，能够被实际观察和测量。这样的设计有助于确保评价的客观性和公正性，避免主观性评价的偏差。反馈导向原则评价不仅应该是对学生的"判决"，更应该是为了提供有效的反馈，帮助学生了解自己的优势和不足，以促使其更好地发展。可持续性发展原则评价体系应该具有可持续性，能够在长期内为学生的发展提供有效的引导。这需要评价体系与教学活动、课程设置等有机结合，形成一个

有机的教学评价体系。社会适应性原则评价应该考虑学生未来社会生活和职业发展的需求，以培养学生的社会适应力和职业竞争力。信息丰富性原则评价体系应该提供丰富的信息，以便学生、教师和家长都能够深入地了解学生的发展情况，从而有针对性地进行教学和支持。专业性原则评价体系应该由专业人员设计和实施，确保评价的科学性、客观性和权威性。这有助于提高评价体系的可信度和公信力。

通过遵循以上这些原则，设计的高职体育教育评价体系将有助于促进学生全面素质的发展，提高教育质量，为学生的未来发展奠定坚实的基础。这种科学合理的评价体系不仅有助于学生在体育领域的个体成就，也为整个高职体育教育领域的发展提供了有益的参考。

（二）高职体育教育评价体系框架建立

高职体育教育评价体系的建立是一个复杂而关键的任务，需要全面考虑学科特点、教育目标以及学生的综合素质。这一过程首先需要明确评价的层次和目标，确保评价体系能够全面反映学生的学科知识、技能水平以及综合素质，同时建立科学合理的评价指标，以确保评价的客观性和准确性。评价体系的建立还需要注重反馈机制，使评价成果能够为教学改进和学生发展提供有效的信息支持。建立高职体育教育评价体系需要考虑到体育学科的特殊性。体育学科不仅涉及理论知识，还包括实践技能和综合素质的培养。因此，评价体系应当全面涵盖理论水平、实践技能和综合素质等多个方面，确保对学生全面发展的评价。评价体系的建立还需要根据高职体育教育的具体目标进行设计。高职体育教育的目标通常包括培养学生的实践能力、创新能力和团队协作精神等。因此，评价体系需要设置相应的指标，以全面衡量学生在这些方面的发展情况。评价指标的选择要科学合理，能够真实地反映学生的学科水平和能力。在考虑评价指标时，教师可以参考国家相关标准和教学大纲，结合实际教学情况，确保评价指标具有可操作性和针对性。可以引入一些创新性的评价手段，如项目实践、案例分析等，以更全面地评价学生的学科水平和综合素质。为了确保评价的客观性，评价体系中可以引入多元化评价手段，包括考试、作业、实践操作、项目报告等多种形式。通过多元化的评价手段，教师可以全面地了解学生的学科水平和能力，避免因单一手段而产生的评价偏差。在评价体系的建立中，还需要注重反馈机制的设计。评价不仅是对学生的一次定性定量的评判，更重要的是为学生提供有效的反馈信息，帮助其认清自身的优势和不足，明确发展方向。因此，评价体系应当设立有效的反馈环节，使评价结果能够为学生的学习和发展提供指导性的建议。

高职体育教育评价体系的建立需要全面考虑体育学科的特殊性和教育目标，科学合理地选择评价指标，引入多元化评价手段，注重反馈机制的设计。通过这样的努力，高职体育院校可以建立起一个全面、客观、科学的评价体系，为高职体育教育的不断发展和学生的全面发展提供有力支持。

（三）高职体育教育指标体系的细化与衡量方法

高职体育教育指标体系的细化与衡量方法是确保评价的科学性和全面性的关键步骤。通过深入挖掘教育目标，明确具体的指标，并采取有效的衡量方法，高职体育教育可以更好地促进学生的全面发展。以下是关于高职体育教育指标体系的细化与衡量方法的一些观点。对体育技能的衡量，可以通过具体的运动项目来进行。例如，在篮球项目中，教师可以衡量学生的投篮准确度、运球技巧、防守能力等；在足球项目中，教师可以衡量学生的控球能力、射门准确度、传球技术等。通过细化到具体的技能要素，高职体育教育指标体系可以更精准地评估学生在各项运动中的表现。对体育知识的衡量，可以采用考试或项目制的方式。学生可以通过理论考试，来展示对体育规则、战术策略等方面的理解；也可以通过项目制作、报告撰写等方式，展示他们对体育知识的应用能力。这种方法有助于全面考查学生对体育知识的理解和掌握程度。身体素质的衡量可以通过各项身体素质测试来完成，包括有氧耐力测试、肌肉力量测试、柔韧性测试等。这些测试方法可以直观地反映学生的身体素质水平，有助于科学合理地设计个性化的体育锻炼计划。团队协作能力的衡量可以通过小组项目、集体运动等形式来实现，例如通过学生在集体项目中的角色分工、沟通协作、团队意识等方面的表现来评价其团队协作能力。这种方式能够更真实地反映学生在协同工作中的实际表现。体育教育还需要考虑学生的个人发展和综合素质。因此，教师可以通过学科绩点、学科竞赛、社会实践等多方面的方式，对学生的全面素质进行评价。这有助于教师全面地了解学生在体育教育以外的方面的表现和发展。除了定性评价，教师还可以采用定量数据进行分析。定量指标，如得分、成绩、时间等，可以更直观地衡量学生在各项指标上的具体表现。这有助于形成更客观的评价结果，也方便对不同学生之间的比较和对整体教育质量的评估。在细化指标时，教师需要根据不同层次的目标进行分类。将目标分为基本能力、核心素质、高层次能力等不同层次，分别建立相应的指标和衡量方法。这样有助于对学生在不同方面的发展情况进行细致深入的了解。

高职体育教育指标体系的细化与衡量方法需要注重具体、客观、全面。通过合理的衡量方法，以更好地促进学生在体育教育中的全面发展，为其未来的职业和社会生活奠定坚实的基础。这种科学合理的评价方式不仅有助于教师更好地指导学生，也为整个高职体育教育领域的发展提供了有效的参考。

（四）高职体育教育评价体系的持续改进与更新

高职体育教育评价体系的持续改进与更新是推动教育质量提升的关键一环。评价体系的建立应考虑教学目标的调整，及时反映社会需求和行业发展趋势，且内容要与时俱进，紧密关联产业发展，确保学生的培养目标与社会需求保持一致。评价体系需要关注学科发展和教育理念的变化，及时更新评价指标和标准。评价内容要充分考虑新的知识、新的技术、新的发展方向，确保评价体系的有效性和科学性，同时应关注学科间的交叉融合，使评价体系更具综合性和跨学科性。评价手段的不断创新也是持续改进的关键。随着科技的发展，评价体系可以引入先进的技术手段，如虚拟实验、在线评估等，提高评价的精准性和客观性，同时实施定期的评价体系自评和外评，从学生、教师和社会等多个层面获取反馈，及时了解评价体系存在的问题和不足，为改进提供依据。评价体系的改进需要注重教师培训和专业发展。通过定期培训和学科交流，教师榷以了解最新的教学理念和评价方法，提高在评价体系中的专业水平和创新能力。

高职体育教育评价体系的持续改进与更新是教育质量提升的必然要求。只有不断调整适应新的社会和行业需求，关注学科发展和教育理念的变化，创新评价手段，引入先进技术，实施自评和外评，同时注重教师培训和发展，才能使评价体系始终发挥其有效性和指导性，为高职体育教育质量的不断提升提供有力支持。

## 二、高职体育教育评价方法与数据分析

### （一）高职体育教育评价方法的选择原则

高职体育教育评价方法的选择是确保评价有效性和科学性的关键。评价方法应该能够全面反映学生在体育教育中的发展情况，为教学提供有针对性的指导。以下是关于高职体育教育评价方法选择的一些建议。要注重多元化。评价方法应该多样化，包括定性和定量两种方式，以全面了解学生的表现。定性方法如观察、访谈、案例分析等，可以提供对学生行为和态度的深入理解；定量方法如考试、测试、测量等，能够提供更具客观性的数据。多元化的评价方法，可以全面地把握学生在体育教育中的各方面表现。要关注实际操作性。评价方法应该能够在实际教学环境中进行，并具有可操作性。例如，运动表现的评价可以通过实际的比赛、演练、体育课程中的表现等进行观察和记录，而非仅仅依赖于抽象的理论知识。实际操作性的评价方法更贴近学生实际学习情境，有助于真实地反映其水平和能力。要根据评价目标和层次选择方法。不同的评价目标和层次需要采用不同的方法。例如，技能层面的评价，可以采用运动表现的观察和测量；知识层面的评价，可以采用考试和项目报告等方式。根据具体的评价目标和层次，选择最合适的评价方法，有助于提高评价的有效性。要考虑个体差异性。学生在体育教育中的发展水平存在个体差异，因此评价方法应该能够灵活应对各种差异。个体差异性包括学生的身体状况、兴趣特点、学习风格等方面。评价方法要能够适应不同学生的特点，提供个性化的评价和指导，使评价公平和全面。要注重过程性评价。过程性评价强调对学生在学习过程中的变化和进步进行及时的观察和反馈。这种评价方法不仅能够及时发现问题，也能够鼓励学生在学习过程中持续改进。过程性评价通过持续观察、记录和反馈，更好地引导学生的学习。要考虑社会适应性。评价方法应该考虑学生未来在社会和职业中的需求，以培养学生具备适应社会和职业发展的能力。这包括对学生团队协作、沟通能力、创新意识等方面的评价，以满足社会的实际需求。要关注评价结果的反馈性。评价方法的设计应该注重结果的反馈，从而能够为学生提供有

效的指导和改进意见。评价结果反馈要及时、明确、具体，能够帮助学生更好地理解自己的优势和不足，激发学生的学习动力。

高职体育教育评价方法的选择需要根据多元化、实际操作性、评价目标、个体差异性、过程性、社会适应性和反馈性等原则进行。只有综合考虑这些原则，才能更好地设计出科学、有效、全面的评价方法，为高职体育教育的提升和发展提供有力支持。

### （二）高职体育教育定性评价方法与实地观察

在高职体育教育中，定性评价方法与实地观察是不可或缺的手段。定性评价方法注重通过具体的场景观察和细致入微的描述，全面了解学生在体育活动中的表现。实地观察作为一种直观的评价手段，不仅能够捕捉学生在运动中的动作、技能，更能深入了解其体育精神、团队协作和创新思维等方面的发展情况。定性评价的关键在于细致入微的观察。通过近距离、细致的观察，教师可以深入了解学生的运动技能和动作流畅度。观察的重点不仅仅是表面的动作是否规范，更包括动作的协调性、灵活性以及学生对运动的理解和掌握程度。这种观察方式能够提供更为具体、直观的评价信息，为学生的个性化发展提供有力支持。实地观察的一个作用是对学生团队协作能力的评价。通过观察学生在团队体育活动中的互动、沟通和协作情况，可以全面了解其在集体运动中的作用和表现。这种观察方法有助于发现学生在团队中的领导潜质、团结合作精神以及解决问题的能力，为培养学生的团队协作精神提供直接的信息支持。实地观察还可以评估学生的体育精神和态度。通过观察学生在运动过程中的投入程度、对困难的应对方式以及对胜负的态度，可以了解其对体育活动的热情和积极性。这种评价方式有助于培养学生的体育精神，促使其在面对挑战时能够坚韧不拔、不怕困难。实地观察还能够评估学生的创新思维和问题解决能力。通过观察学生在运动中面对复杂情况时的应对方式，教师可以了解其对问题的分析和解决能力。这有助于培养学生在体育运动中具有创造性思维，能够灵活地应对各种运动场景。

高职体育教育中的定性评价方法与实地观察是一种直观、深入的评价手段。通过近距离观察学生在运动中的表现，教师可以全面了解其技能水平、团队协作能力、体育精神以及创新思维等方面的发展情况。这为教师更有针对性地制定个性化教学方案和提供个性化指导提供了有效的数据支持，推动高职体育教育朝着全面、个性化的方向发展。

（三）高职体育教育定量评价方法与问卷调查

高职体育教育中的定量评价方法与问卷调查都是为了准确、客观地了解学生在体育教育中的各方面表现和发展状况而采取的手段。定量评价方法是通过量化的指标和数据对学生在体育教育中的各项能力和表现进行测量和评估的一种手段。这类方法包括各种测验、测试、考试等，通过对学生的成绩、得分、时间等进行具体的计量，来反映其在体育技能、知识水平、身体素质等方面的具体表现。这样的方法能够提供具体的数值，有助于客观地比较学生之间的差异和进步。问卷调查是一种收集学生的观点、看法和反馈的方法。通过设计问题并发放问卷，可以让学生自主表达对体育教育的看法、感受、需求等信息。问卷调查涵盖多个方面，包括课程满意度、教学方法评价、个人兴趣等。这种方法能够从学生的主观感受中获取信息，有助于了解他们在学习过程中的真实感受。教师在进行定量评价时，可以采用各种测量工具和标准，如运动测试、身体素质测试、学科考试等。这些定量的指标可以直观地反映学生在技能、知识和身体素质等方面的水平。这样的评价方法能够提供具体的、可比较的数据，有助于分析学生在体育教育中的强项和改进空间。问卷调查强调学生的主观体验和看法。通过问卷，可以了解学生对体育课程、教学方法、课外活动等方面的评价和建议。问卷设计应该考虑到问题清晰、具体，以便获取有价值的反馈信息。这样的主观反馈有助于教师更好地理解学生的需求和期望，进而调整和改进教学方法。定量评价方法和问卷调查相互补充，共同构成了全面的评价体系。通过综合运用这两种方法，教师可以全面地了解学生在体育教育中的整体表现。这也有助于科学合理的评价体系建立，促进教育质量的提高。

高职体育教育中的定量评价方法和问卷调查是两种不同但相辅相成的评价手段。定量评价通过具体的数据和指标反映学生在技能和知识层面的水平，而问卷调查通过获取学生主观体验和看法，为教学提供全面反馈。通过这样的评价方式，可以更好地指导教学改进，满足学生的学习需求，提升整体教育质量。

（四）高职体育教育数据分析与解读

高职体育教育中的数据分析与解读是重要的环节，教师通过科学的数据分析可以深入了解学生的学科水平、学科兴趣以及综合素质等方面的信息。数据分析提供了客观的数据支持，有助于教育管理者和教师更好地制订教学计划、调整教学方法，以满足学生的个性化需求，提高教育质量。教师在进行高职体育教育的数据分析时，首先需要收集全面而准确的数据。这包括学生的学科成绩、参与体育活动的情况、体育竞赛成绩、团队协作表现等多方面的数据。这些数据应当具有代表性，能够全面反映学生在体育方面的表现。数据的准确性和完整性对于后续的分析和解读至关重要。在数据分析阶段，教师需要运用适当的统计方法和数据挖掘技术，以深入挖掘数据背后的信息；通过比较分析学生在不同体育项目中的表现，找出其在哪些方面具有优势和劣势；结合学科成绩和参与体育活动的情况，分析学生在学科学习和体育活动之间的关联性，为更好地整合学科教学和体育培养提供依据。数据分析还应关注学生的群体特征和个体差异。通过分析不同年级、不同专业、不同性别学生的数据，教师可以了解到不同群体在体育方面的整体表现并需要重点关注学科水平较低的学生，找出其存在的问题和不足之处，有针对性地提供帮助和支持。教师解读数据的过程中，需要考虑到数据的背后可能存在的各种因素。例如，学生体育活动参与度的高低可能受到学科学习负担、学生个体兴趣等因素的影响。因此，在解读数据时，教师需要全面考虑各种可能的因素，并进行深入的分析，避免片面化和简单化。

数据分析的结果应当形成有针对性的建议和措施，为教育决策提供科学依据。这可以包括调整教学计划，提供个性化的体育培养方案，以及加强团队协作和创新能力的培养等。通过科学地分析和解读数据，高职体育教育能够更好地满足学生的需求，提高教育质量，为学生的全面发展提供有效支持。

# 第二节 高职体育教育的学习成果评估方法

## 一、高职体育教育学习成果评估方法的设计原则

### （一）评估目标的明确性

评估目标的明确性对于高职体育教育的有效开展至关重要。明确的评估目标能够为教学活动提供清晰的方向，使教师和学生能够更加明确学习的目的，有助于实现教育目标的科学有效达成。明确的评估目标有助于提高教学效果。教育目标是教学活动的引导方向，而评估目标是对学生在特定学科或领域所期望达到的水平和能力的具体要求。只有当评估目标明确清晰时，教师才能有针对性地设计教学内容和方法，确保学生能够达到预期的学习效果。这样的明确性有助于提高教学的有效性和学生的学习质量。明确的评估目标能够帮助学生更好地理解学习任务。学生在明确了评估目标后，能够更清楚地了解到教育者对他们的期望和要求。这有助于学生激发学习动力，让他们更有目标感地参与学习过程中，并能更好地规划学习计划，有利于形成自主学习的习惯。明确的评估目标对于个性化教学的实施具有重要意义。不同学生具有不同的学习能力和兴趣爱好，通过明确的评估目标，教师可以更好地了解学生的差异性需求。这有助于教师差异化地设计教学方案，提供个性化的学习支持，促进每个学生充分发展。明确的评估目标也是评价体系的基础。教育的评价体系应当与明确的教学目标相一致，以确保评估的公正性和科学性。评估目标的明确性有助于建立科学合理的评价体系，确保评价方法和标准与实际学习目标相契合，从而更准确地反映学生的真实水平和综合素质。明确的评估目标有助于教育者更好地与学生、家长和其他相关利益相关者进行沟通。通过清晰的目标，教育者能够更容易地向学生和家长解释学习的意义和目的，增强他们的对学习任务的理解和支持。对于学校、社会以及行业等方面的合作与沟通，明确的评估目标也能够为教育的对外交流提供更为明确的依据。

高职体育教育中评估目标的明确性对于促进有效教学、激发学生学习兴趣、实施个性化教学、建立科学合理的评价体系以及加强与相关利益相关者的沟通等方面都具有重要作用。只有确保评估目标的明确性，才能更好地推动高职体育教育的质量和水平的提高。

（二）评估内容的全面性

高职体育教育的评估内容应当具有全面性，旨在全面了解学生的学科水平、体育技能、综合素质以及团队协作和创新能力等方面的情况。全面性的评估内容有助于准确地反映学生在各方面的发展状况，为个性化的教学和培养提供有力的支持。在学科水平的评估方面，教师可以考查学生在课堂学科知识的掌握情况。这不仅包括理论知识的学习，还包括实践操作和应用能力的发展。通过对课堂表现、作业完成情况等多方位的评估，教师可以全面地了解学生在学科水平上的强项和需改进之处。体育技能的评估是高职体育教育中至关重要的一环。这包括对学生在各种体育项目中的表现进行全方位的观察和评价。教师不仅要关注技能动作的规范性，还需要注重学生在实际运动中的协调性、灵活性等方面的表现。教师通过体育技能的全面评估，可以更好地指导学生在体育方面的发展。综合素质的评估是全面性评估的重要组成部分。这包括对学生的综合素质进行综合的分析，如创新能力、团队协作、沟通能力等。通过项目实践、团队活动等方式，教师可以深入了解学生的综合素质发展水平，为其全面素质的培养提供有针对性的指导。团队协作和创新能力的评估同样至关重要。在团队体育活动中，通过观察学生在团队中的角色扮演、沟通协作和解决问题的能力，教师可以全面评估学生在团队协作方面的发展；通过开展创新项目和实践活动，教师可以评估学生的创新思维和解决问题的能力。除了上述方面，教师对学生的身体素质、运动技术的应用能力等也需要进行全面性的评估。教师通过各种测试和实地观察，可以了解学生的身体素质水平和在实际运动中的应用能力，为个性化的体育培养提供数据支持。

高职体育教育的评估内容应当具有全面性，涵盖学科水平、体育技能、综合素质、团队协作和创新能力等多个方面。通过科学的评估手段，教师可以全面地了解学生的整体发展状况，为教学改进和个性化培养提供有力支持。全面性的评估不仅有助于学生的全面发展，也为高职体育教育的不断创新和提高提供了重要的依据。

（三）评估方法的多样性

高职体育教育中评估方法的多样性是确保对学生全面发展进行科学评估的重要保障。教师通过采用多种评估方法，可以全面、客观地了解学生在体育技能、知识、身体素质、团队协作等方面的表现，有助于提高评估的准确性和有效性。多样性的评估方法有助于全面考查学生在体育技能方面的水平。不同运动项目对技能的要求各不相同，多样性的评估方法可以覆盖不同类型的运动技能。例如，通过观察学生在实际运动中的表现、进行运动比赛、进行技能测试等方式，教师可以全面地了解学生在各项运动中的技能水平，从而为教学提供有针对性的指导。多样性的评估方法有助于综合考查学生在知识方面的掌握情况。体育教育不仅关注运动技能，还包括对体育规则、战术策略等方面的知识。课堂测试、项目报告、理论考试等多种方式，能够让教师全面地了解学生对体育知识的掌握情况，为其提供具体的教学方向。多样性的评估方法有助于考查学生的身体素质和健康水平。身体素质包括有氧耐力、肌肉力量、柔韧性等方面，通过运动测试、身体素质测试、健康体检等方式，教师可以全面地评估学生的身体状况，为制订个性化的健康促进计划提供依据。多样性的评估方法有助于考查学生的团队协作和沟通能力。体育教育强调团队协作的重要性，教师通过小组项目、团体运动等方式，可以观察学生在集体活动中的表现，了解其团队协作和沟通的能力，为培养学生的团队精神提供有针对性的评估。多样性的评估方法还能够考查学生在体育课外活动中的表现。校内外比赛、社团活动、体育俱乐部等活动为学生提供了更广阔的舞台，教师通过观察和记录学生在这些活动中的表现，可以全面地了解其在实际应用中的能力和素质。

高职体育教育中评估方法的多样性对于全面了解学生的体育水平、知识水平、身体素质和综合素质具有重要意义。多种评估方法相互补充，使评估更具广度和深度，为教育者提供了更多元化的信息，从而更好地指导学生的学习和发展。通过多样性的评估方法，高职体育教育能够科学、全面地实现教育目标，从而促进学生的全面发展。

（四）评估数据的综合性分析

高职体育教育中评估数据的综合性分析是一项具有挑战性的工作，需要综合考虑多个方面的数据，以深刻了解学生在体育教育中的发展状况。综合性分析的目标是全面把握数据蕴含的信息，为更有效的教学和培养提供科学的指导。教师在综合性分析中，首先需要考虑学科水平的数据。这包括学生在体育理论知识上的成绩、对规则和策略的理解等。通过对学科水平数据的分析，教师可以了解学生对体育学科的掌握情况，为教学提供有力支持。体育技能方面的数据也是综合性分析的重要组成部分。通过对学生在各项体育活动中的表现进行分析，教师可以全面评估其技能水平。这包括技术动作的规范性、协调性、灵活性等方面。综合性分析技能数据有助于发现学生的潜在优势和需要改进之处，为个性化培养提供依据。对学生的综合素质进行数据分析是综合性分析的关键。综合素质包括创新能力、团队协作、沟通能力等多个方面。通过项目实践和团队活动，教师可以收集学生在这些方面的数据，综合性地分析学生在综合素质方面的表现。团队协作和创新能力的数据分析同样是综合性分析中的重要环节。通过观察学生在团队体育活动中的表现以及其在创新项目中的角色和贡献，教师可以全面地了解其在团队协作和创新方面的水平。在综合性分析中，教师还需要综合考虑学生的身体素质、运动技术的应用能力等方面的数据，并通过各种测试和实地观察，全面了解学生在身体素质和运动技能方面的发展状况，为全面培养提供数据支持。综合性分析还需要考虑学生的兴趣和态度数据。通过观察学生对体育活动的投入程度、积极性以及对困难的应对方式，教师可以了解其在体育教育中的学习态度和个体兴趣。综合性分析的关键在于对多个方面的数据进行全面而深入的考察。这需要运用适当的统计方法和数据挖掘技术，深入挖掘数据背后的信息。通过科学的综合性分析，教师可以全面地了解学生在体育教育中的发展状况，为教学改进和个性化培养提供有力支持。

## 二、学习成果评估方法的应用与效果分析

（一）课堂表现评估的应用与效果分析

高职体育教育中的课堂表现评估是对学生在实际课堂学习过程中的表现

进行全面评估的一种重要方式。这种评估方法强调学生在实际操作、交流互动、团队协作等方面的能力，有助于准确地了解学生的学习水平和综合素质，提高教学的针对性和实效性。课堂表现评估能够全面了解学生的技能水平。在体育教育中，学生的运动技能是一个重要的评估方面。通过观察学生在实际运动中的表现，教师可以更全面地了解学生的运动技能水平，包括动作的规范性、协调性、灵活性等方面。这种实时的观察评估方法能够及时地发现学生存在的问题，为个性化的教学提供依据。课堂表现评估有助于考查学生的团队协作和沟通能力。在课堂上，学生通常需要进行团队活动，例如集体运动、小组合作等。观察学生在这些活动中的表现，可以了解他们的团队协作能力、沟通技巧和领导潜力。这种评估方法有助于培养学生的团队精神和合作意识，从而促进团队整体的发展。课堂表现评估有助于考查学生的问题解决能力。在实际运动中，学生可能会面临各种挑战和问题，例如战术调整、适应环境变化等。观察学生在这些情境中的反应和解决问题的能力，可以全面了解他们的应变能力和创新能力。这种评估方法有助于培养学生的独立思考和解决问题的能力。课堂表现评估可以提高学生的学习动机。因为这种评估方法更注重学生在实际课堂中的表现，学生会更加主动地参与学习，他们知道自己的表现会被直接观察和评估。这种激励机制有助于激发学生的学习热情，提高他们对学科的兴趣和投入度。课堂表现评估可以促进学生的自我认知和自我管理能力。通过观察自己在实际运动中的表现，学生能够更清晰地认识到自己的优势和不足，形成自我改进的意识。这种评估方法有助于培养学生的自主学习和自我管理的能力，使其更好地适应未来的学习和职业发展。

高职体育教育中的课堂表现评估是一种全面、实时、激励性的评估方式。对学生在实际课堂中的表现进行观察和评估，不仅能够全面了解其技能水平、团队协作能力、问题解决能力等方面的表现，还能够激发学生的学习动机，促进其自我认知和自我管理的能力。这种评估方法的应用有助于提高教学的实效性，推动学生全面素质的发展。

（二）实践项目评估的应用与效果分析

高职体育教育中实践项目评估是一项具有重要意义的工作，教师通过对实际项目的评估，能够全面了解学生在实际运动中的表现和发展状况。这种评估方法旨在提高学生的实际运用能力、从而促进综合素质的发展，并为个性化培养提供有力支持。实践项目评估的应用对于提高学生的实际技能水平具有显著效果。通过对学生在实际项目中的表现进行评估，教师可以全面地了解其在运动技能、动作流畅性、协调性等方面的水平。这有助于发现学生在实际运动中的优势和需要改进之处，为个性化的技能培养提供有针对性的指导。实践项目评估的应用也有助于促进学生的综合素质发展。在实际项目中，学生需要展现创新能力、团队协作、沟通能力等多个方面的素质。教师通过对这些素质进行评估，可以全面了解学生在综合素质方面的发展情况。这种评估方法有助于培养学生的全面素质，提高其在团队协作和创新方面的水平。实践项目评估的应用还能够提高学生的问题解决能力。在实际项目中，学生面临各种挑战和问题，需要通过分析、思考和实践来解决。通过对学生在项目中解决问题的能力进行评估，教师可以发现其分析问题和解决问题的思维方式，为培养学生的问题解决能力提供指导。实践项目评估的应用还有助于加强学生的团队协作和沟通能力。在项目中，学生需要与同学合作，共同完成任务。教师通过观察学生在团队协作和沟通方面的表现，可以了解其在团队中的角色扮演、信息传递和协作方式等方面的水平。这有助于培养学生在集体活动中更好地发挥团队协作和沟通的能力。

实践项目评估的应用对于提高学生的知识实际运用能力、促进综合素质的发展以及加强团队协作和沟通能力等方面都具有显著效果。通过科学而细致的评估，教师可以全面地了解学生在实际项目中的表现，为教学改进和个性化培养提供有力支持。这种评估方法不仅有助于学生的全面发展，也为高职体育教育的不断创新和提高提供了有益参考。

（三）小组讨论评估的应用与效果分析

小组讨论评估是高职体育教育中一种具有实效性和全面性的评估方式。该方法注重学生在协作、交流和共同解决问题等方面的能力，通过小组互动的形式评估学生的团队协作、创造力和沟通技巧。下面将对小组讨论评估的应用与效果进行分析。小组讨论评估有助于培养学生的团队协作能力。在小组讨论中，学生需要共同合作，分享观点，集思广益。通过观察学生在小组中的角色分配、协作方式、共同决策等方面的表现，教师可以全面地了解他们的团队协作能力。这有助于培养学生在未来工作和生活中需要的团队合作精神。小组讨论评估能够促进学生的创造力和问题解决能力。在小组中，学生通常需要面对一些开放性问题，需要集思广益，共同探讨解决方案。通过观察学生在小组讨论中的创新思维、提出新颖观点的能力，教师可以全面地了解他们的创造力和问题解决能力。这种评估方法有助于培养学生独立思考和创新思维的能力。小组讨论评估能够提高学生的表达和沟通技巧。在小组中，学生需要清晰地表达自己的观点，理解他人的观点，并进行有效的沟通。通过观察学生在小组中的言辞表达、沟通技巧和倾听能力，教师可以准确地评估他们的语言表达水平和沟通能力。这种评估方法有助于培养学生在未来社交和职业环境中的良好沟通技能。小组讨论评估有助于深化学生对知识的理解。在小组讨论中，学生需要分享各自的理解和见解，通过互相讨论、辩论，使每个成员能够深入地理解问题的多个层面。教师通过观察学生在小组中的学科理解深度，可以全面地了解他们对知识的掌握情况。这有助于培养学生对知识全面理解和灵活运用的能力。

小组讨论评估是一种高效、全面的评估方式，能够全面地反映学生的团队协作、创造力、问题解决能力和沟通技巧等方面的表现。通过这种评估方法，教育者可以全面地了解学生的全面素质，为个性化的教学提供有针对性的指导。这种实用性强、能够培养学生多方面能力的评估方式在高职体育教育中的应用，能够更好地促进学生的全面发展。

（四）综合分析与反馈机制的效果分析

综合分析与反馈机制在高职体育教育中的应用是一项关键而有效的工作。综合分析可以全面反映学生在学科水平、体育技能、综合素质等多个方面的发展状况。建立良好的反馈机制有助于将分析结果有效地传达给学生和教师，促使他们更好地理解自身表现并采取有针对性的改进措施。这种综合分析与反馈机制的应用对于提高教学质量、激发学生学习兴趣具有显著的效果。在学科水平方面，综合分析通过对学生在课堂学科知识的掌握情况进行全面考察，帮助教师发现学生在理论学科上的优势和不足。反馈机制的建立有助于将这些分析结果及时传达给学生，使他们对自己的学科水平有更为清晰的认识。这有助于学生更有针对性地进行学科学习，提高学科水平。在体育技能方面，综合分析与反馈机制同样具有显著效果。对学生在各种体育项目中的表现进行全方位的观察和评价，可以帮助教师深入了解其技能水平、动作规范性、协调性等方面的状况。反馈机制的建立有助于将这些评估结果及时传达给学生，使其能够针对性地调整训练方向，提高体育技能水平。综合素质的分析与反馈同样是关键环节。对学生在创新能力、团队协作、沟通能力等方面进行全方位的观察与分析，可以全面地了解学生在综合素质方面的发展状况。及时建立反馈机制，使学生能够清晰地了解自己在这些方面的优势和不足，为其综合素质的培养提供有针对性的引导。团队协作和创新能力的分析与反馈同样是不可忽视的。通过观察学生在团队体育活动中的表现以及在创新项目中的角色和贡献，可以全面了解其在团队协作和创新方面的水平。建立反馈机制可以促使学生更好地认识到团队协作和创新能力在综合素质中的重要性，积极地参与相关活动。在实际的高职体育教育中，综合分析与反馈机制的应用不仅有助于学生的个性化发展，也为教师提供了有益的教学指导。通过分析学生的综合素质和技能水平，教师可以更好地调整教学计划，提高教学的针对性和实效性。及时的反馈机制有助于建立教师与学生之间的紧密联系，促使双方更好地共同进步。

高职体育教育中的综合分析与反馈机制在提高学生学科水平、体育技能、综合素质以及团队协作和创新能力方面都具有显著效果。通过这种机制的应用，能够更好地引导学生的发展，提高教学质量，促使学生更积极地参与学科和体育活动，从而实现全面的素质培养。

## 第三节 教学质量监测与改进

### 一、高职体育教学质量的监测

（一）高职体育教学监测指标体系的设计

高职体育教学监测指标体系的设计是一个复杂而系统性的过程，需要充分考虑教学的多个方面，以确保全面、科学、可行的监测。指标体系的设计应基于高职体育的特点和教学目标，结合现代教育理念和学科发展趋势，以实现对教学质量和效果的准确评估。体育技能方面是一个重要的监测指标。这包括学生在各类体育项目中的基本技能和高级技能的掌握程度。体育技能的监测指标应当具体而明确，包括动作规范性、技能复杂性、灵活性等多个方面。通过对学生在实际运动中的表现进行观察和评估，可以全面了解其技能水平，为后续的教学提供有针对性的改进建议。身体素质是监测指标体系中的另一个重要方面。这包括有氧耐力、肌肉力量、柔韧性等多个方面。对身体素质的监测可以通过体能测试、运动表现等多种方式进行。这些指标不仅关系学生的身体健康状况，也与其在体育运动中的表现密切相关，对于全面评估学生的体育教育效果具有重要意义。团队协作和沟通能力也应被纳入监测指标体系。在现代社会中，团队协作是一项重要的综合素质。通过观察学生在集体运动、团队项目中的表现，可以评估他们的团队协作和沟通技能。这些能力对于学生未来的职业和社交发展至关重要，因此也应成为监测的重要方向。对学科知识的掌握也是一个不可忽视的监测指标。高职体育教学不仅包括运动技能，还涉及相关的理论知识。通过考查学生在理论考试、项目报告等方面的表现，教师可以全面了解他们对体育学科知识的掌握情况，为课程调整和深化提供依据。学生的综合素质也应该被纳入监测指标体系。这包括学生的创新能力、批判性思维、自我管理等多个方面。通过观察学生在解决问题、应对挑战、自主学习等方面的表现，教师可以更全面地了解其综合素质水平，为个性化教学提供指导。

高职体育教学监测指标体系的设计需要全面考虑体育技能、身体素质、团队协作和沟通能力、学科知识和综合素质等多个方面。这些指标体系的建立应当具体而明确，能够全面地反映学生在体育教育中的表现，为教学的改进和学生的个性化发展提供有力支持。

（二）高职体育教学监测数据收集与记录

高职体育教学监测数据的收集与记录是教学管理中的关键环节。通过系统地搜集和记录教学监测数据，有助于全面了解教学的实际情况、学生的表现以及教学质量的水平。这项工作不仅对于教育决策提供了有力的支持，同时为教师提供了科学的依据，以更好地调整教学策略和改进教学方法。对学科水平的监测数据的收集与记录是必不可少的。这包括学生在体育理论知识方面的掌握情况、对规则和策略的理解等。通过详细的学科水平监测数据，教师可以全面地了解学生在理论学科方面的优势和不足，为教学改进提供科学依据。在体育技能方面，监测数据的收集与记录同样至关重要。观察学生在各种体育项目中的表现，收集有关技能水平、动作规范性、协调性等方面的数据，有助于教师发现学生在实际运动中的特长和需要改进之处。这为个性化的技能培养提供了有力的指导。综合素质的监测数据同样需要翔实的收集与记录。这包括学生在创新能力、团队协作、沟通能力等多个方面的表现。通过综合素质监测数据，教师可以全面地了解学生在综合素质方面的发展情况，为其全面素质的培养提供科学依据。团队协作和创新能力的监测数据同样应得到重视。观察学生在团队体育活动中的表现以及在创新项目中的角色和贡献，有助于教师深入了解其在团队协作和创新方面的水平。这为学生的团队协作和创新能力的提升提供了有力的数据支持。在实践项目中，监测数据的收集与记录有助于全面地了解学生在实际运动中的表现。通过对学生在实际项目中的参与度、领导能力、解决问题的能力等方面进行监测，教师可以更好地引导学生在实际运动中发挥其优势，同时发现和解决问题。除了上述方面，监测数据的收集与记录还包括学生的身体素质、运动技术的应用能力等方面。教师通过各种测试和实地观察，可以全面地了解学生在身体素质和运动技能方面的发展状况，为全面培养提供数据支持。

高职体育教学监测数据的收集与记录是一项系统而细致的工作，涵盖学科水平、体育技能、综合素质以及团队协作和创新能力等多个方面。通过科学的数据收集与记录，教师可以全面地了解教学和学生的实际情况，为个性化的教育和培养提供科学依据。这也有助于教师更好地调整教学策略，提高教学质量，为学生的全面发展提供更加有针对性的支持。

（三）高职体育教学监测过程与教学实施的关联性

高职体育教学监测过程与教学实施密切关联，二者相互影响、相互促进，共同构建了一个循环往复的教学发展体系。监测不仅是对学生学业水平的全面评估，更是教师教学质量的反馈和指导。下面将探讨高职体育教学监测过程与教学实施的关联性。监测过程为教学提供了有效的反馈。在教学过程中，监测可以通过多种手段，包括考试、实际运动表现、小组讨论等，及时获取学生的学业水平和表现。这些数据和信息反馈给教师，使其能够了解学生在学科知识、技能掌握等方面的优势和不足。通过分析监测结果，教师能够调整和改进自己的教学方法，提高教学效果。监测过程有助于个性化教学的实施。通过监测，教师可以深入了解每个学生的学习状况，包括其在体育技能、身体素质、团队协作等方面的表现。这为教师提供了准确的信息，使其能够更有针对性地制订个性化的教学计划，满足学生的个性发展需求，实现差异化教学。监测过程有助于教学目标的明确和调整。通过监测学生的表现，教师可以清晰地了解教学目标是否达到，学生在何种方面存在困难，哪些方面取得了较好的进展。这有助于教师对教学目标进行调整和修正，使其符合学生的实际水平和需求，提高教学的针对性和实效性。监测过程有助于教学资源的合理分配。通过监测学生在各个方面的表现，教师可以更明智地进行教学资源的分配。例如，教师对于某些在体育技能方面表现出色的学生，可以提供更高水平的训练；而对于在身体素质方面有待提高的学生，则可以增加相关锻炼的时间。这种个性化的资源分配有助于最大限度地发挥学生的潜力，推动他们的全面发展。监测过程与教学实施的关联性体现在其共同推动着教育教学的不断发展。监测过程不仅为教师提供了调整和改进的机会，也为学生提供了发现问题、改进学习方法的机会。在教师和学生共同努力下，监测过程与教学实施形成了一个良性循环，推动着教育教学的全面提升。

　　高职体育教学监测过程与教学实施相互关联，通过监测获取的信息反馈给教师，帮助其调整和改进教学方法，实现个性化教学。监测还有助于明确和调整教学目标，合理分配教学资源，推动教育教学的全面发展。这种关联促进了教学过程的动态调整，确保了为学生提供优质的教育服务。

　　（四）高职体育教学监测结果分析与报告

　　高职体育教学监测结果的分析与报告是一个复杂而关键的工作，通过对监测数据的深入研究和精准分析，为学生和教师提供关于教学质量和学生发展的翔实信息。这种分析与报告的工作有助于教师更好地了解教学效果、指导教学改进，以及为个性化培养提供科学依据。对学科水平的监测结果进行深入分析是至关重要的。通过对学生在体育理论知识方面的监测结果进行详细的研究，教师可以了解他们在不同学科领域的表现。这种分析有助于发现学生在学科水平上的强项和弱项，为教师提供了有力的指导，以更好地调整教学计划和提高教学的针对性。在体育技能方面，监测结果的深入分析同样是必不可少的。教师通过对学生在各种体育项目中的监测数据进行翔实研究，可以深入了解他们的技能水平、动作规范性、协调性等方面的状况。这有助于教师更全面地指导学生的技能培养，提高其体育技能水平。综合素质的监测结果分析同样具有重要意义。通过对学生在创新能力、团队协作、沟通能力等方面的监测结果进行深入分析，教师可以全面地了解学生在综合素质方面的发展情况。这种分析有助于为学生提供个性化的素质培养方案，引导其全面素质的提升。团队协作和创新能力的监测结果深入分析同样是关键步骤。通过对学生在团队体育活动中的监测数据进行翔实研究，可以深刻了解其在团队协作和创新方面的水平。这有助于教师更好地引导学生在团队中发挥优势，同时对其进行有针对性的培养和提升。在实践项目中，监测结果的深入分析对于了解学生在实际运动中的表现至关重要。教师通过对学生在实际项目中的监测数据进行研究，可以更好地发现学生的特长和问题，并提供有效的改进建议。监测结果的分析还应考虑学生的身体素质、运动技术的应用能力等方面。对这些监测数据进行深入的分析，有助于教师更全面地了解学生在身体素质和运动技能方面的发展状况，为个性化培养提供科学依据。

高职体育教学监测结果的深入分析与报告是一个全面而系统的工作，需要综合考虑学科水平、体育技能、综合素质以及团队协作和创新能力等多个方面。科学的数据分析和精准的报告，不仅能让教师更好地了解学生和教学的实际情况，也为教学改进和个性化培养提供了有力支持。这种分析与报告工作有助于提高教学质量，激发学生学习兴趣，实现全面的素质培养。

## 二、高职体育教学质量的改进

### （一）高职体育教学质量评估结果分析

高职体育教学质量评估结果的分析是一个复杂而深入的过程，需要综合考虑多个因素，以全面了解教学的强项和改进的方向。以下是对高职体育教学质量评估结果的分析。体育技能方面的评估结果对教学质量的分析至关重要。通过观察学生在各种体育项目中的表现，教师可以评估他们的基本技能和高级技能水平。分析体育技能的评估结果可以帮助教师了解教学中技能训练的成效，并在指导教学中对特定技能进行更有针对性的培养和提高。身体素质的评估结果也是评估教学质量的重要方面，包括有氧耐力、肌肉力量、柔韧性等身体素质在内，这些指标直接关系学生的身体健康和体能水平。通过深入分析身体素质的评估结果，教师可以针对学生在某一方面的不足，调整教学计划，开展更有针对性的锻炼和训练。团队协作和沟通能力的评估结果同样重要。在现代社会，团队协作和沟通是必备的综合素质。通过分析学生在集体运动、小组合作中的表现，教师可以了解其团队协作和沟通技能的水平。这种分析有助于发现团队协作中的问题，为改进团队合作教学提供方向。学科知识的评估结果也应被纳入分析范围。高职体育教学不仅注重技能训练，还包括相关的理论知识。通过分析学科知识的评估结果，教师可以了解学生对体育学科知识的掌握情况，指导教学中理论与实践的有机结合，提高教学的全面性和深度。学生综合素质的评估结果也是分析的重要方面。这包括学生的创新能力、批判性思维、自我管理等多个方面。通过分析综合素质的评估结果，教师可以了解学生在综合素质方面的优势和不足，为开展相关培养和提高提供有力支持。高职体育教学质量评估结果的分析需要全面综合各个方面的数据和信息。通过深入分析评估结果，教师可以更清晰地了解教学的亮点和问题，为后续的教学改进提供有针对性的建议。分析不仅要关注学生在特定方面的表现，还要思考这些表现背后的原因，以便更深层次地推动教学质量的提升。

（二）高职体育改进策略的制定与实施

高职体育改进策略的制定与实施是一个紧密联系的过程，需要根据实际情况进行深入分析和科学设计。这一过程旨在不断提升教学质量、促进学生全面发展，并适应不断变化的教育环境。改进策略的制定与实施不仅需要全体教师的共同努力，也需要学校领导层的指导和支持。对现有教学模式进行细致而深入的剖析是制定改进策略的关键一步。通过对教学模式的全面了解，教师可以发现其优势和存在的不足之处。这有助于确定需要改进的方向和重点，为后续的改进工作提供科学依据。在进行深入分析的基础上，制定切实可行的改进策略是至关重要的。改进策略应当根据学生的需求、社会发展趋势以及高职体育的特点进行科学设计。这可能包括更新教学设备、改进教学内容、调整考核方式等多个方面。策略的制定需要全体教师的共同讨论和决策，确保其在实践中具有可行性和有效性。改进策略的实施需要有序而周密的计划。这可能包括制定具体的实施步骤、明确责任人、合理分配资源等。在实施过程中，学校领导层需要密切关注教学效果，及时地调整和优化策略，并通过开展教学研讨、经验分享等形式，促使全体教师更好地参与改进工作，形成良好的团队合作氛围。改进策略的实施也需要与学生和家长建立密切的联系。通过与学生和家长的沟通，教师可以更全面地了解学生的需求和期望，及时调整改进策略，使其更贴近学生的实际需求。这也有助于家校合作，形成共同致力于学生全面发展的良好局面。教师培训是改进策略实施的关键环节。有计划的培训可以提高教师的专业水平，使其更好地理解和贯彻改进策略。培训内容应当围绕改进策略的核心目标展开，包括教学理念、方法更新、评估标准等方面的内容。改进策略的实施还需要充分利用现代技术手段。通过数字化教育平台、在线资源等工具，可以更好地辅助教学，提升教学效果。教育技术的应用也可以为学生提供更具吸引力的学习环境，激发其学科兴趣。在改进策略的实施过程中，及时收集反馈信息是非常关键的。学生和教师的反馈，可以反映改进策略的实际效果和存在的问题。这有助于学校领导层及时地调整策略，保证其在实践中的有效性。

高职体育教育的改进策略制定与实施是一项系统性而复杂的工作，需要全体教师的共同努力和学校领导的支持。对现有教学模式的深入分析、科学的改进策略制定以及有序周密的实施计划，可以不断提升教学质量，从而促使学生全面发展。这需要教育工作者密切关注时代发展趋势，灵活调整教学策略，以适应不断变化的教育环境。

（三）高职体育教育资源的合理配置与优化

高职体育教育资源的合理配置与优化是一个关键性而综合性的任务。这不仅涉及教育资源的分配合理性，还关系到教育效益的提高和学生全面素质的培养。合理配置和优化教育资源需要科学的规划和系统的管理，以确保资源的最大利用和学生的最大收益。对教育资源的需求进行准确而深入的评估是合理配置的前提。通过对学生的实际需求、学科发展趋势以及社会需求的综合分析，教育部门可以更准确地确定各类教育资源的需求量和结构。这有助于建立科学合理的资源配置方案。在资源配置方案的制定过程中，需要综合考虑各类资源，包括人力资源、物质资源、信息资源等。合理的配置应当根据学科特点、学生特点以及社会需求，确保每一类资源都能够充分发挥作用。例如，教育部门在人力资源方面，可以通过培训教师专业素养，提高其教育水平；在物质资源方面，可以更新教学设备，提高实践教学效果；在信息资源方面，可以借助先进的技术手段，拓宽学生获取知识的途径。合理配置教育资源还需要考虑不同学生群体的个性化需求。通过对学生特长、兴趣、学科优势的深入了解，教育部门可以更有针对性地配置资源，满足不同学生的需求。这有助于实现个性化教学，提高学生的学习积极性和满意度。教育资源的优化也需要考虑资源的整合与共享。教育部门通过建立资源共享机制，实现不同学科、学校、地区之间资源的有机整合，可以更充分地利用现有资源，提高教育资源的利用效率。这可以通过建立网络平台、开展教学合作等方式来实现。优化教育资源还需要不断改进管理体制。通过建立科学合理的管理体制，明确资源配置的责任主体和流程，教育部门可以更好地推动资源的优化和提升教育的管理水平。这有助于避免资源浪费和低效使用，提高资源配置的灵活性和适应性。除了考虑资源的配置和优化，教育部门还需要注重对教育资源的监测和评估。教育部门通过建立科学的监测体系，及时了解资源的使用情况和效果，可以为后续的资源调整提供科学依据。监测和评估可以通过定期的评估报告、教学反馈、学生成绩等多种途径来实现。

　　高职体育教育资源的合理配置与优化是一项系统性、综合性的工程。通过深入了解学生需求，科学制定资源配置方案，注重资源的整合与共享，不断改进管理体制，建立监测和评估机制，教育部门可以更好地发挥教育资源的作用，提高教育效益，为学生提供更好的教育服务。这需要教育管理者的智慧和全体教育工作者的共同努力。

　　（四）高职体育效果评估与长效机制的建立

　　高职体育效果评估与长效机制的建立是一项复杂而关键的任务。它不仅关系学生的学习成果，还关系教学质量的提升和长期发展的可持续性。以下是对这一问题的深入讨论。体育效果评估需要立足于全面的指标体系。这个指标体系应该包括学生在体育技能、身体素质、团队协作和学科知识等方面的表现。多层次的评估指标，可以全面地反映学生的综合素质。这也为建立长效机制奠定了基础，因为全面的指标体系有助于持续跟踪和评估学生在多个方面的发展。建立有效的评估方法是确保评估效果准确可靠的关键。评估方法应该灵活多样，既包括定性的观察和访谈，也包括定量的测试和考核。不同的评估方法相互结合，可以全面地反映学生的实际水平。为了确保评估的公正性和客观性，评估应该注重随机性和多角度的评价。在建立长效机制方面，首先需要建立持续的监测体系。这个监测体系可以通过学期末、学年末的定期评估，以及中期的随机抽查等方式，不断地获取学生的学科知识水平和综合素质的发展情况。通过持续的监测，学校可以及时发现问题，为教学的调整提供有力支持。建立学生档案和数据库是长效机制的基础。档案和数据库可以存储学生的评估结果、发展轨迹、个性发展需求等信息。这为教师提供了具体、全面的数据，有助于个性化教学和课程设计。这也为学校层面的整体规划提供了依据，促进了长期的教育管理和发展。要建立有效的反馈机制。评估的结果不仅包括学生的成绩，还包括教学方法的有效性、学科知识的难易程度等信息。教师和学生之间需要建立起一种良好的沟通机制，及时的反馈使教师能够更好地了解学生的学习状况，从而调整教学策略，提高教学的针对性和实效性。长效机制的建立需要学校层面的支持和规范。学校管理层应该建立健全的评估政策和程序，明确评估的目的、方法和频率。政策和程序的规范可以确保评估工作的科学性和公正性，为长效机制的顺利运行提供有力保障。

高职体育效果评估与长效机制的建立是一个系统性工程，需要全面考虑多个方面的因素。建立全面的评估指标体系、多样化的评估方法、持续的监测体系、学生档案和数据库以及有效的反馈机制，以及学校层面的政策和程序规范等方面，可以为高职体育的教学质量提升和长期发展打下坚实基础。

# 第四节　高职体育教育质量保障的策略

## 一、高职体育质量保障体系建设

（一）高职体育质量体系建设的理论基础

高职体育质量体系的建设需要牢固的理论基础，这个理论基础涉及体育教学、学科发展、综合素质培养等多个方面。高职体育质量体系的建设需要基于先进的体育教育理论。体育教育理论包括体育课程理论、体育教学法、学习心理学等多个方面的理论支持。体育课程理论为高职体育提供了合理的学科结构和发展路径，体育教学法则指导教师如何更有效地传递知识和培养技能，学习心理学帮助理解学生学习过程中的心理机制。这些理论的融合为高职体育质量体系提供了坚实的教学基础。高职体育质量体系建设的理论基础还涉及学科发展理论。体育作为一门学科，有其独特的学科内涵和发展方向。通过对体育学科发展理论的研究，研究者可以更好地把握学科发展的规律和趋势，从而更好地构建高职体育的课程体系、教学方法和评价体系。综合素质教育理论也是高职体育质量体系的理论基础之一。综合素质教育强调培养学生的综合素养，包括学科知识、职业技能、人际沟通、创新能力等多个方面。在高职体育中，综合素质教育理论的运用可以促使教学更加贴近实际需求，培养学生全方位的素质，提高其就业竞争力。现代教育技术理论也为高职体育质量体系建设提供了支持。教育技术的不断发展为高职体育提供了更多创新的教学手段，如虚拟实验室、在线教育平台等。现代教育技术可以使教学更具互动性和灵活性，满足学生个性化的学习需求，促进高职体育教学质量的提升。高职体育质量体系建设的理论基础还包括社会需求与发展理论。高职体育的发展应当与社会需求和职业发展趋势相结合，理论基础应当能够适应社会对高职体育专业人才的需求，使学生更好地适应职业发展。

高职体育质量体系建设的理论基础是多层次、多领域的。它需要包括体育教育理论、学科发展理论、综合素质教育理论、现代教育技术理论以及社会需求与发展理论等多个方面的理论支持。这样的理论基础有助于建立起科学、合理、实用的高职体育质量体系，促进高职体育教育的长期健康发展。

（二）高职体育质量体系结构与标准的确定

高职体育质量体系结构的确定是一项关键性的任务，这需要全面考虑教育目标、学科特点以及社会需求。质量体系的建立与标准的确定需要充分调研，以确保其能够科学、全面地反映高职体育教育的实际情况，并为教学质量提供明确的指导。质量体系结构的建立应当充分考虑高职体育教育的多个维度。这包括学科水平、体育技能、综合素质、团队协作和创新能力等方面。质量体系需要反映高职体育教育的全面性和复杂性，以确保全面培养学生的各方面能力。建立质量体系结构需要科学确定各个维度的指标和权重。这需要深入分析各个方面的重要性，结合实际情况确定不同指标在质量体系中的相对权重。这种权重的确定需要通过专业人士的集体研讨和综合考虑，以确保其科学合理。

质量标准的确定需要基于质量体系结构，具体到各个方面的具体要求。这包括学科水平的评估标准、体育技能的达标要求、综合素质的培养目标等。这些标准需要与质量体系结构相匹配，以确保整体体系的科学性和合理性。确定质量标准需要充分考虑社会发展的趋势和用人需求。体育教育的目标是培养适应社会需求的专业人才，因此质量标准应当与社会的发展趋势相一致。这需要研究者通过与相关行业企业的对接、专家讨论等方式，深入了解社会对高职体育专业人才的需求，从而更好地制定相应的质量标准。质量体系结构和标准的确定需要形成一个循环的过程。在实际实施中，研究者需要不断进行监测和评估，发现问题并进行及时调整。这有助于保持质量体系的灵活性和适应性，确保其能够不断适应社会的发展变化。质量体系结构和标准的确定需要与相关政策法规相一致。在制定过程中，研究者需要深入了解国家和地区的相关政策法规，确保质量体系和标准的制定是合法合规的。这有助于保障体系的实施效果和可行性。

高职体育质量体系结构和标准的确定是一项综合性、复杂性的任务，需要全体教育工作者的共同努力。研究者通过充分考虑多个维度的因素，科学确定指标和权重，结合社会需求制定质量标准，形成一个不断优化的过程，可以更好地指导高职体育教育的发展，提升教育质量。

（三）高职体育质量监测与评估机制的建立

高职体育质量监测与评估机制的建立是教育体系中的一项重要工作。这一机制的目标在于确保高职体育的教学质量和培养效果能够满足学生的需求，并与社会的发展趋势相契合。监测与评估机制的建立需要充分考虑学科发展方向。通过深入研究学科发展的最新动态，研究者可以了解业界对于高职体育专业的需求和期望。这也有助于制订更符合实际的教学目标和培养计划，使学生毕业后更容易适应职业环境。机制建设需要关注多元化的评估指标。研究者除了传统的学科知识评估，还应该关注学生的综合素质和实践能力。这包括体育技能水平、团队协作能力、创新能力等方面。通过多元化的评估指标，研究者可以全面地了解学生的整体素质，有助于精准地评估高职体育的培养效果。建立有效的评估方法是监测与评估机制的核心。评估方法应该具有科学性、客观性和实用性。科学性意味着评估方法要有理论基础，能够反映学生真实的学习状况；客观性要求评估结果不受主观因素的干扰，真实反映学生的实际水平；实用性则是指评估方法的结果能够为教学改进和学生个性化发展提供有益信息。建立有效的监测体系也是机制建设的重要一环。监测体系应该具备持续性，通过定期的监测，研究者可以及时地发现问题，使教学质量的提升能够得以实现。监测体系还应该是多层次的，既包括学生的个体表现，也包括整体的班级和专业的教学水平。机制建设中，建立有效的反馈机制也是不可忽视的一部分。及时的反馈，可以使教师了解学生在学科知识、实践能力等方面的表现，有助于个性化教学的实施。学生也可以通过反馈了解到自己的不足之处，有利于主动发现并改进。建立评估结果的应用机制也是机制建设的重要环节。评估结果应该为教学改进、培养方案的调整提供有力支持。通过对评估结果的分析，研究者可以及时地发现教学中的问题，调整教学策略，提高教学质量。评估结果还可以为学生提供个性化的发展建议，引导其更好地规划未来职业发展方向。

高职体育质量监测与评估机制的建立需要充分考虑学科发展方向、多元化的评估指标、科学、客观、实用的评估方法、持续性的监测体系、有效的反馈机制以及评估结果的应用机制等多个方面的因素。这样的机制建设有助于确保高职体育的教学质量得以提升，并为学生的个性化发展提供有力保障。

（四）高职体育质量体系的运行与改进

高职体育质量体系的运行是一个复杂而系统的过程，需要不断优化和改进以适应不断变化的教育环境和社会需求。在体系的运行中，应当注重对各个方面的监测与评估，发现问题并及时采取有效的改进措施，以保证体系的顺畅运作和质量的持续提升。质量体系的运行需要建立科学的监测机制。这包括对学科水平、体育技能、综合素质等方面的监测。通过定期的考核和评估，研究者可以及时了解学生在各个方面的发展状况，发现问题的根源和症结。这为改进措施的制定提供了科学依据。在质量体系的运行中，研究者要注重对教育资源的动态监测。研究者通过了解资源的使用情况、效益和学生的实际需求，可以更好地调整和优化资源配置，确保资源的最大化利用。这有助于提高教学效果，为学生提供更好的学习环境。质量体系的运行中还需要对教育过程的各个环节进行翔实观察。通过对教学过程、学生表现、教师指导等方面进行实地观察，研究者可以全面地了解教育过程中存在的问题和不足之处，有助于在质量体系运行中及时发现问题并进行有效改进。改进体系需要充分利用运行中积累的数据和信息。研究者通过对监测数据、实地观察结果等的深入分析，可以发现问题的根本原因，为制订改进策略提供科学依据。这有助于其通过有针对性的改进，提升整体教育质量。改进体系还需要充分发挥教师团队的作用。教师之间通过研讨、交流和经验分享，可以更好地总结经验、共同解决问题。教师团队的共同努力和智慧是体系改进的关键动力，可以推动整个体系向更好的方向发展。在改进体系时，教师要注重与学生和家长的沟通。通过与学生和家长的充分沟通，教师可以了解到他们的真实需求和期望，从而更好地调整和优化质量体系。这有助于实现体系改进的与学生和家长的良好互动。改进体系的措施应当有针对性和可操作性。研究者应通过制订具体、切实可行的改进计划，确保改进措施不仅是符合质量体系结构和标准的要求，还能够在实践中得以顺利实施。这需要建立明确的改进方案和责任制度。在体系的改进中，研究者要不断总结经验，形成良好的改进机制。每一次的改进实践，不仅要解决当下的问题，还需要总结经验，形成可以长期运行的改进机制。这有助于质量体系更好地适应不断变化的教育环境和社会需求。

高职体育质量体系的运行与改进是一项系统性、综合性的工程。科学的监测机制、深入的实地观察、充分发挥教师团队的作用，以及与学生和家长的密切沟通，可以更好地推动质量体系的运作和不断改进，确保教育质量的稳步提升。这需要教育工作者的不懈努力和智慧。

## 二、高职体育质量评估与改进机制

### （一）高职体育质量评估指标体系的设计

高职体育质量评估指标体系的设计是一个复杂而关键的任务，需要考虑多个方面的因素，以确保评估的全面性和有效性。评估指标体系应该包括学科知识水平的评估。这一方面的指标可以包括学生在专业课程中的学科成绩、综合考核等方面的表现。通过对学科知识水平的评估，教师可以了解学生在专业领域的掌握程度，为培养合格的高职体育专业人才提供重要的参考。综合素质评估是评估指标体系中的关键组成部分。综合素质包括体育技能、团队协作、创新能力等多个方面。评估指标可以包括学生在实践环境中的表现、团队项目的合作能力、解决问题的创新能力等。教师通过对综合素质的评估，可以全面地了解学生的综合素养，为其职业发展提供更多支持。实践能力评估也是一个不可忽视的方面。高职体育专业注重实践，因此，评估指标体系应该包括学生在实际操作中的表现。这可以通过实验成绩、实习报告、实际项目的完成情况等方面来进行评估。实践能力的评估有助于检验学生是否能够将理论知识应用于实际工作中。社会适应能力也是一个重要的评估方向。高职体育专业的学生将来往往要与社会各界打交道，因此，评估指标体系应该考虑学生的沟通能力、团队协作能力、职业素养等方面。这些方面的评估可以通过面试、演讲、团队项目等方式进行。评估指标体系还应该关注个性化发展的可能性。考虑到学生在发展过程中的差异性，指标体系应该具备灵活性，允许学生在某些方面有个性化的发展轨迹。这可以通过设立个性化发展目标、提供个性化的学习支持等方式来实现。信息技术的应用也是评估指标体系的一部分。教师通过运用现代技术手段，可以方便、及时地获取学生的学习数据。这包括学科知识的在线测试、综合素质的虚拟实验等。信息技术的应用有助于评估的科学化和客观化。评估指标体系应该具备动态性。随着社会的发展和专业需求的变化，评估指标体系也应该随之进行调整和更新。这需要研究者不断收集反馈信息，调查行业发展趋势，使评估指标体系能够更好地适应时代的要求。

高职体育质量评估指标体系的设计是一个多方面、综合性的任务。它需要全面考虑学科知识水平、综合素质、实践能力、社会适应能力、个性化发展、信息技术应用以及动态调整等多个方面的因素。通过科学、合理、灵活的评估指标体系设计，可以更好地实现对高职体育质量的全面评估和有效提升。

（二）高职体育质量评估数据收集与分析

高职体育质量评估数据的收集与分析是一项复杂而关键的任务，需要通过系统性的方法和科学的手段来获取和处理大量的信息。这一过程涉及多个层面，包括学生表现、教学质量、设施利用等方面的数据。通过对这些数据的深入收集和细致分析，可以全面地了解体育教育的实际情况，为教学改进提供科学支持。学生表现数据的收集和分析是质量评估的重要一环。这包括学生的学科水平、体育技能、综合素质等方面的数据。研究者通过对学生的成绩、考核表现等数据进行深入分析，可以了解到他们在不同方面的发展水平，帮助教师更好地指导学生的学习和提高教学质量。教学质量的评估数据同样至关重要。这包括对教学计划的实施情况、教师的指导能力、课堂教学效果等方面的数据收集。通过对这些数据的深入分析，研究者可以发现教学中存在的问题和不足，为制定改进措施提供依据，提高整体教学水平。设施利用数据的收集和分析也是质量评估的重要组成部分。这包括对体育设施的使用率、设施维护情况、师生满意度等方面的数据收集。通过对这些数据的深入分析，研究者可以了解到体育设施的实际使用情况，帮助学校更好地合理配置资源，提高设施的利用效率。社会反馈数据同样需要被纳入评估体系。这包括对毕业生就业率、社会对学校的认可度、雇主对毕业生的满意度等方面的数据收集。通过对这些数据的深入分析，研究者可以了解学校的社会影响力和毕业生的职业发展情况，帮助学校更好地调整教学方向，提高培养质量。数据的收集需要建立科学合理的数据采集系统。这可能包括学科考试、实际操作、学生问卷调查等多个方面的手段。采用多元化的数据来源有助于提高数据的全面性和准确性，为分析提供更为可靠的依据。数据的分析需要运用统计学和数据挖掘等方法。研究者通过建立合适的模型，对收集到的大量数据进行深入挖掘，可以发现其中的规律和关联性。这有助于全面地了解教育质量的实际情况，并为制订科学合理的改进策略提供支持。数据的分析还需要注重数据的解读和实际运用。研究者通过对数据的深入理解，可以发现其中的问题和亮点，为学校制订改进计划提供科学依据。及时将分析结果反馈给相关教育工作者，促使其更好地改进教学方法，提高整体教学水平。在进行数据收集和分析时，研究者要注重隐私保护和数据安全，建立科学的数据管理体系，确保数据的采集、存储和处理符合相关法规和伦理规范，保障数据的安全性和隐私性。

高职体育质量评估数据的收集与分析是一项复杂而系统的任务，需要通过科学手段获取全面的数据，通过深入分析揭示实际问题，并为学校的教学改进提供可靠的依据。这有助于促进高职体育教育的质量不断提高，更好地满足学生和社会的需求。

（三）高职体育质量改进策略的制定与实施

高职体育质量的改进是一个持续性的过程，需要制定并实施一系列的策略。这些策略应该全面考虑学科知识水平、综合素质、实践能力、社会适应能力、个性化发展等多个方面，以确保质量的全面提升。学科知识水平可以通过调整课程设置、更新教材、引入先进的教学方法等方式进行改进特别是关注当前行业最新发展趋势，将实际应用与理论知识相结合，使学生更好地掌握专业知识。综合素质的提升可以通过拓展学生参与社会实践、开展综合素质培训等方式实现。学校应培养学生的领导力、团队协作精神、创新思维等能力，使其在面对复杂多变的职业环境时更具竞争力。实践能力的提升需要通过加强实验教学、实习实训、参与实际项目等方式进行。高职体育质量改进是一项复杂而迫切的任务，为此，学校需要制定一系列的策略以确保教育质量不断提升。（1）学校应当加强师资队伍的建设，通过招聘更具实践经验和专业素养的教师，提高教师队伍的整体素质。（2）学校应建立定期培训机制，能够使教师们不断提升自己的专业水平和教学能力。（3）学校需要注重课程体系的调整。结合行业需求，对课程进行科学合理的设计，强化实践环节，使学生能够在学习中更好地掌握实用技能。（4）学校应建立科学有效的课程评估机制，及时了解课程的实施效果，为后续的改进提供数据支持。与企业和体育产业建立更紧密的联系，开展校企合作是另一项关键的策略。通过与企业合作，学生能够更好地了解实际工作环境，提前积累实践经验。同时，学校可以获取来自行业的实际反馈，及时调整培养方案，使之贴合实际需求。高职体育质量改进还需要注重学生的个性化发展，通过设置不同层次的课程，满足不同学生的学科需求，并引入更加灵活的评价机制，注重发现学生的特长和兴趣，为其提供更有针对性的培养方案。推动学科创新也是质量改进的关键点。学校尖通过支持教师的科研项目，鼓励学科团队进行前沿研究，提高学科的知名度和影响力；建立学科创新的评价体系，以科研成果的数量和质量作为评价指标，激发学科的创新活力。要加强教育资源的整合与共享。学校应通过合理规划和利用各类资源，确保资源的高效利用，并建立资源共享机制，实现不同学校之间、不同地区之间的资源互补，提高整体教育水平。学校建立应与社会各界的广泛联系，深入了解社会对高职体育专业人才的需求，并通过社会评价和反馈，及时调整培养计划，使之符合社会发展的要求。高职体育质量改进需要多方面的策略综合作用。师资队伍建设、课程体系调整、校企合作、个性化发展、学科创新、资源整合、社会互动等策略相辅相成，共同推动高职体育质量的不断提升。让学生在实际操作中逐步提升实践能力，将理论知识转化为实际技能。社会适应能力的培养可以通过拓展实习机会、与企业合作、举办行业交流活动等方式进行，使学生更好地了解职业要求，增强与社会的沟通和适应能力。为了实现个性化发展，可以开设个性化发展课程、提供个性化辅导、设计个性化项目等方式。关注每个学生的差异性，激发其个性发展潜力。信息技术的应用也是改进的关键。通过引入先进的教育技术，可以提高教学效果，为学生提供灵活的学习方式。例如，建设在线学习平台、虚拟实验室等，提升信息技术在高职体育教学中的应用水平。在实施改进策略时，建议建立有效的监测与反馈机制。通过定期收集学生和教师的反馈意见，以及行业就业需求的调查，及时了解改进策略的实施效果，从而进行必要的调整和优化。为了鼓励教师更好地参与质量改进，可以设立奖励机制，鼓励创新教学方法、积极参与实践项目、持续提升教学水平。

高职体育质量的改进策略需要全面考虑学科知识、综合素质、实践能力、社会适应能力、个性化发展、信息技术应用等多个方面。通过调整课程设置、更新教材、拓展学生参与社会实践、加强实验教学、引入先进的教育技术等手段，可以全面提升高职体育质量，使其更好地满足学生的需求和社会的期望。

### （四）高职体育质量效果评估与长效机制的建立

高职体育质量效果评估与长效机制的建立是一项需要长期思考和持续努力的重要工作。质量效果评估旨在全面了解体育教育的实际效果，而建立长效机制则有助于不断提升教学质量、保障评估的可持续性。在进行质量效果评估时，应综合考虑多个方面的指标。这包括学生的学科水平、综合素质、体育技能等多个层面。通过对这些指标的深入评估，可以全面了解学生在不同方面的发展情况，为教学质量的提升提供科学依据。

质量效果评估的数据收集应当多元化。可以通过学科考试、学生作品、实际操作、问卷调查等多种方式获取数据，以确保数据的全面性和准确性。这有助于更好地了解学生的实际水平和对教学的反馈。建立有效的长效机制需要科学合理的规划。通过制订长期目标和计划，明确质量效果评估的周期和内容，有助于确保机制的稳定性和可持续性。这需要学校和相关部门的共同努力，形成长效机制的共识和合作。

在建立长效机制时，要注重对教学质量的综合评价。这包括对教学计划的实施情况、师资队伍的培养和发展、设施利用效率等多个方面的综合评估。通过对这些方面的深入了解，可以全面地了解教学质量的真实情况，为制订长期改进计划提供科学依据。

长效机制的建立需要强调定期监测和评估。通过设立明确的监测体系，定期对质量效果进行评估，可以及时了解问题的存在和发展趋势，为及时调整教学计划和改进措施提供科学依据。这有助于机制的灵活性和适应性。

建立长效机制还需要注重对教师团队的培训和支持。通过提供专业发展机会、定期组织教学研讨、分享经验等方式，可以提高教师的专业水平，保障教学质量的提升。这有助于形成学习型教师团队，为长效机制的稳定运行提供有力支持。

长效机制的建立也需要考虑社会反馈和就业情况。通过对毕业生就业率、雇主满意度、社会对学校的认可度等方面进行长期跟踪，可以更好地了解学校的社会影响力和毕业生的职业发展情况，为制订长期改进计划提供科学依据。

在建立长效机制时，要充分利用现代技术手段。通过建立数字化的教育管理平台、数据分析系统等工具，可以更方便地进行数据收集和分析，提高评估的效率和准确性。这有助于机制的科学化和智能化。

高职体育质量效果评估与长效机制的建立是一项综合性、长期性的任务，需要学校、教师团队以及相关部门的共同合作。通过科学合理的评估体系和长效机制的建立，可以更好地促进高职体育教育的可持续发展，为学生提供更好的教育服务。

# 第六章　高职体育教育未来趋势与展望

## 第一节　高职体育教育的未来发展方向

### 一、高职体育教育的教育创新与技术融合

（一）高职体育教育创新的理论基础

高职体育教育创新的理论基础主要体现在多个层面，包括教育学、体育学、心理学等多个学科的理论支持。教育学中的建构主义理论为高职体育教育创新提供了理论基础。建构主义认为学生通过主动参与、体验和建构知识，实现对学科知识的深刻理解。在高职体育教育中，教育者可以通过设计具有挑战性的实践任务，激发学生的主动学习兴趣，培养他们的实践能力和综合素质。体育学中的情境教学理论对高职体育教育的创新提供了理论支持。情境教学强调将学科知识融入实际情境，使学生在实践中学习，并通过情境的设置激发学生的学习动机。高职体育教育通过模拟实际运动场景、设计真实项目任务，可以提高学生的实践能力，使其更好地适应职业要求。心理学中的激励理论也是高职体育教育创新的理论基础之一。激励理论认为，设定明确的目标、提供及时的反馈、激发学生的自主学习兴趣等方法可以促使学生积极地参与学习过程。在高职体育教育中，教育者可以通过设定具有挑战性的任务、给予学生实际项目的机会，激发其学习的内在动机，提高学习效果。高职体育教育创新也需要借鉴社会建构主义的观点。社会建构主义认为，学习是社会交往的过程，通过与他人的互动和合作，学生能够更好地理解和掌握知识。在高职体育教育中，鼓励学生参与团队项目、开展合作学习，有助于培养其团队协作和沟通能力。技术整合理论为高职体育教育创新

提供了技术支持。技术整合理论认为，教育者通过有效整合现代技术手段，如虚拟实验室、在线学习平台等，可以提升教育的效果。在高职体育教育中，技术整合可以为学生提供更灵活的学习方式，加强实践操作的辅助，提高学科知识的传授效果。

高职体育教育创新的理论基础涵盖了建构主义、情境教学、激励理论、社会建构主义和技术整合等多个方面。通过将这些理论融入教育实践，教育者可以更好地满足学生的学习需求，提高高职体育教育的质量。

（二）高职体育教育创新实践案例分析

高职体育教育创新实践案例分析旨在深入挖掘教学过程中的创新措施，并通过实际案例展示这些创新如何促进学生的全面素质发展。以下是一例高职体育教育创新实践案例的分析，某高职体育专业针对学生体育技能培养方面的困境，采取了创新的实践措施。

在传统的课程体系中，学生主要通过课堂理论学习和简单的实操训练，但由于时间、资源有限，学生的实际技能水平难以达到要求。为解决这一问题，该高职体育专业实施了"项目化实训"创新实践方案。该方案首先调查了学生的兴趣和擅长领域，其次结合专业需求设计了一系列具体的体育项目，包括篮球、足球、游泳等。每个项目都由学生自主选择，并在团队协作的基础上展开。在项目化实训中，学生不仅是简单地进行技能训练，更是通过实际项目锻炼团队协作、沟通能力和创新思维。例如，在篮球项目中，学生需要分工合作，制定战术，并在比赛中灵活运用；在游泳项目中，学生需要学会救生技能，同时加强自身体能训练。这样的项目化实训使学生在实际操作中更好地掌握和运用所学知识，培养了全面的素质。项目化实训注重师生互动，老师不仅是传统的授课者，更是项目的指导者和辅导员。老师会与学生一起制订项目计划，定期进行实际操作指导，并在项目结束后进行总结和反馈。这种师生互动的方式拉近了师生关系，激发了学生对体育学科的兴趣。在项目化实训的过程中，学生还有机会参与一些体育赛事和社会实践。例如，学生可以组队参加校内篮球比赛，与其他专业的学生进行交流竞技；也可以参与社区体育活动，为社会提供体育服务。这样的实践既锻炼了学生的实际技能，也培养了他们的团队协作和社会责任感。

该创新实践方案在一定程度上解决了传统体育教育中技能培养不足的问题，为学生提供了丰富、实用的教育体验。学生通过参与项目化实训，不仅在技能水平上有了显著提高，还培养了全面的素质，为未来的职业发展奠定了坚实的基础。这一案例表明，高职体育教育创新实践应当贴近实际需求，注重学生个体差异，通过项目化实训等方式，培养学生的实际技能和综合素质。这种创新实践为高职体育教育提供了可借鉴的经验，促进了教学模式的发展。

（三）技术融合在体育教育中的应用

技术融合在体育教育中的应用是一项具有广泛前景的任务。它包括了各种现代技术手段在体育教学过程中的应用，以提高教学效果、促进学生学习兴趣，推动体育教育朝着先进、多元化的方向发展。虚拟实验室和模拟技术的应用是技术融合中的一项重要内容。通过虚拟实验室，学生可以在模拟的环境中进行体育实验，提高他们的实践能力。这不仅节省了实验设备的成本，还扩大了学生的实践机会，使他们更好地理解和掌握体育理论知识。智能化教学辅助工具的运用也是技术融合的重要方面。例如，智能化体育设备，可以实时收集学生的运动数据，帮助教师更全面地了解学生的运动状态，提供个性化的指导。这样的教学辅助工具有助于提高教学效果，使体育教学更加科学化和个性化。在线学习平台的建设也是技术融合在体育教育中的一项创新。通过在线学习平台，学生可以随时随地获取体育教材、参与在线讨论、观看教学视频等。这种灵活的学习方式不仅方便了学生，也为教师提供了更多的教学资源和手段。虚拟现实（VR）和增强现实（AR）技术的应用也为体育教育带来新的可能性。通过VR技术，学生可以沉浸式地体验不同运动场景，提高他们的感知能力和实践技能。AR技术则可以将虚拟信息叠加在现实场景中，为学生提供更直观的学习体验。技术融合在体育教育中的应用不仅局限于教学过程，还涉及学生的自主学习。例如，通过体育App的使用，学生可以随时随地查阅体育知识、进行自主练习，并通过应用内的社交功能与其他学生交流学习心得。这样的互动和自主学习方式有助于激发学生的学习兴趣，提高学习效果。

技术融合在体育教育中的应用呈现出多样性和创新性。通过虚拟实验室、智能化教学辅助工具、在线学习平台、虚拟现实和增强现实技术等手段，体育教育能够更好地满足学生的需求，使教学更加生动有趣，并为培养具有高水平实践能力和创新精神的体育专业人才提供更多可能性。

（四）高职体育未来趋势与发展策略

高职体育面临着日益快速变化的社会环境和不断更新的教育需求，未来的趋势和发展策略必须紧密结合实际情况，全面考虑社会发展、技术创新和学生需求等多方面因素。未来高职体育将更加注重全球化视野。随着国际交流的不断加深，高职体育需要更好地融入全球体育教育体系，借鉴国际先进经验，提升自身的教育水平和国际竞争力。国际交流将促进各地区高职体育教育共同发展，培养更具国际竞争力的体育专业人才。技术创新将成为未来高职体育的重要驱动力。随着科技的不断发展，虚拟现实、人工智能等新技术将进一步融入体育教育领域。高职体育需要积极借助这些新技术，开展创新教学模式，提升教学效果。技术的应用还将丰富学生的学习体验，激发学生对体育学科的兴趣。未来高职体育还将更加注重学科交叉与综合素质培养。体育教育不再局限于技能的培养，而是更加强调学科的交叉与融合，例如与健康管理、心理学等相关学科进行深度的合作，为学生提供更全面的培养方案。这样的综合素质培养有助于学生更好地适应未来社会的多元化需求。未来高职体育还将更加关注学生个性化发展。每个学生的兴趣、特长和发展潜力都有所不同，高职体育需要在教学中更加注重个性化的培养模式，鼓励学生发挥自身优势，培养个性化的专业人才。这样的个性化发展有助于激发学生的学习动力和创造力。未来高职体育还将更加强调社会服务和实践教学。通过与社会体育组织、企业等建立紧密合作关系，高职体育可以更好地将理论知识与实践相结合，提升学生的实际操作能力。社会服务与实践教学的融合将使学生更好地适应社会需求，为未来职业生涯做好准备。在发展策略上，高职体育需要更加注重教师队伍建设。培养一支高水平的教师队伍是推动高职体育发展的关键。加强教师的培训、学科研究和实践经验的积累，将有助于提升教师的教育水平和教学质量。高职体育的课程设置和教学内容需要更具前瞻性。通过及时调整课程设置，引入前沿的学科知识和研究成果，高职体育可以更好地适应社会发展的需要，确保学生毕业后具备最新的专业知识和技能。在招生宣传上，高职体育需要更积极地向社会传递其发展方向和特色，引导更多有兴趣的学生选择体育专业。这包括举办各类体育赛事、开展社区体育活动、与企业合作开展实践项目等方式，提高高职体育的社会知名度和影响力等。

　　未来高职体育的发展趋势将更加全球化、技术化、综合化、个性化和实践化。通过紧密结合社会需求，积极融入新技术、注重学科交叉与综合素质培养、关注个性化发展以及强调社会服务与实践教学，高职体育可以更好地适应未来的发展要求，为培养更多优秀的体育专业人才做出更大的贡献。

## 二、高职体育教育的跨学科融合与实践导向

### （一）高职体育跨学科融合的理论基础

　　高职体育跨学科融合是一种综合运用不同学科知识和方法的教学模式，其理论基础涵盖了多个学科的理论框架。构建高职体育跨学科融合的理论基础之一是系统理论。系统理论认为事物是由多个相互关联、相互作用的组成部分构成的，而不同学科可以被看作是系统的一个部分。高职体育跨学科融合正是基于对体育及其相关领域系统性认识的理论基础，通过整合不同学科的知识，实现对复杂体育现象的全面理解。融合认知心理学的理论有助于理解学生学科知识的习得和跨学科融合的认知过程。认知心理学强调学习者的主动参与和对知识的建构，而高职体育跨学科融合正是在这种理论框架下，通过引导学生主动整合不同学科的知识，促使他们更深刻地理解和运用知识。社会建构主义的理论为高职体育跨学科融合提供了教育的社会性基础。社会建构主义认为知识是在社交互动和社会实践中建构的，而高职体育跨学科融合正是通过学科之间的合作与互动，营造一个有助于学生共同构建知识的社会学习环境。多元智能理论为高职体育跨学科融合提供了个体差异和个性发展的理论依据。多元智能理论认为学生具有多种智力类型，而高职体育跨学科融合正是通过多元的学科内容和教学方法，有助于满足学生不同智力类型的发展需求，促进其全面发展。创新教育理论也是支持高职体育跨学科融合的理论之一。创新教育理论强调培养学生的创新能力和解决问题的能力，而跨学科融合正是通过提供丰富多样的学科内容，来激发学生的创新思维，培养其综合运用知识解决实际问题的能力。可持续发展理论为高职体育

跨学科融合提供了实现综合素质培养的理论支持。可持续发展理论认为教育应该旨在培养学生的综合素质，使其在多个领域具备可持续的发展能力。而高职体育跨学科融合正是通过涵盖多个学科的内容，培养学生的全面素质，以适应未来社会的可持续发展需求。

高职体育跨学科融合的理论基础涵盖了系统理论、认知心理学、社会建构主义、多元智能理论、创新教育理论和可持续发展理论等多个学科的理论框架。通过这些理论的支持，高职体育跨学科融合得以更好地促进学生的全面发展和综合素质培养。

（二）高职体育跨学科融合的实施模式与方法

高职体育跨学科融合是一种创新的教育模式，旨在将体育专业与其他学科相结合，形成更为综合和有深度的教学体系。实施跨学科融合需要充分考虑学科之间的关联性，设计合理的教学方案，促进学生全面发展。跨学科融合的实施需要一套有效的课程体系。体育专业与其他学科的课程应该相互补充、有机结合，形成一系列有序、连贯的课程。例如，为桃可以将心理学与体育训练相结合，通过心理学知识提高运动员心理素质；也可以将医学与运动生理学结合，深化学生对运动身体机能的理解。这样的课程体系有助于拓展学生的知识面，提升他们的跨学科应用能力。跨学科融合的实施需要设计具有实践性的教学活动。学校通过组织实际案例分析、实地考察、模拟实验等实践活动，将学生引导到实际问题中，让他们在跨学科的背景下进行思考和解决问题。例如，学校可以组织学生参与社区体育项目，让他们通过实际操作了解体育专业与社会服务的关系。这样的实践活动有助于培养学生的动手能力和实际运用知识的能力。跨学科融合的实施需要强调团队协作。为了更好地将不同学科的专业知识整合，学校可以组建由跨学科专业教师组成的教学团队。这样的团队可以促进教师之间的沟通与合作，实现知识的有机交融。学校在教学过程中也可以鼓励学生组成跨学科小组，共同完成实践项目或研究任务。通过团队协作，学生可以在与不同学科专业同学的交流中更好地理解并运用跨学科知识。跨学科融合的实施需要借助信息技术手段。现代信息技术的发展为不同学科之间的教学提供了更多可能性。可以利用在线学习平台、多媒体教材等工具，将跨学科的知识呈现给学生，并通过在线讨论、远程实验等方式，让学生更加灵活地获取和运用跨学科知识，培养他们的信息素养。跨学科融合的实施还需要与行业实际需求相结合。了解社会和行业对于综合素质人才的需求，调整课程设置和教学内容，使之更加符合实际应用场景。可以与企业、社会体育组织建立合作关系，开展实际案例分析、实地考察等活动，将学生的学习与实际应用更为紧密地结合起来。跨学科融合的实施需要定期进行评估和调整，通过对学生的学科知识掌握情况、实践能力的发展情况等进行定期评估，及时地发现问题并进行调整，并采用学生评价、教师评估以及与社会反馈等多层次的评估手段，形成全面的评价体系，不断优化教学模式。

跨学科融合的实施需要建立有效的课程体系，设计实践性的教学活动，强调团队协作，借助信息技术手段，与行业实际需求相结合，并定期进行评估和调整。通过这样的实施模式与方法，高职体育可以更好地培养出适应社会需求的综合素质人才。

（三）高职体育实践导向教学的设计与实施

高职体育实践导向教学的设计与实施是一项注重学生实际操作和职业应用的教学策略，旨在培养学生的实践能力、技能和解决问题的能力。在设计高职体育实践导向教学时，教育者需要充分考虑职业需求和行业标准。通过深入了解相关行业的技术要求和职业背景，教育者可以更准确地确定教学目标，确保教学内容与实际职业需求相契合。教育者应该采用问题驱动的教学方法。通过提出真实而具有挑战性的问题，学生被引导思考并运用所学知识解决问题。这种教学方法能够激发学生的学习兴趣，培养其解决实际问题的能力。实践导向教学需要注重模拟真实工作环境。通过搭建模拟实验室、聘请行业专业人士进行实地指导，学生可以在仿真的职业环境中进行实际操作，提高其在实际工作中的适应能力。强调团队合作是实践导向教学的重要组成部分。体育行业通常需要团队合作。因此，在教学中引入团队合作项目有助于培养学生的团队协作和沟通技能。通过与同学共同完成任务，学生能够更好地理解团队合作的重要性，并在实际工作中更好地适应团队环境。在实施高职体育实践导向教学时，教育者应强调实际操作和案例分析。通过实际操作，学生可以直观地体验到所学知识在实践中的应用，从而更好地理解和掌握。案例分析可以帮助学生将理论知识与实际问题相结合，培养他们分析和解决问题的能力。反馈机制也是实践导向教学的重要环节。及时地反馈有助于学生了解自己的不足，促使他们进行自我调整和提高。通过定期的实践评估和反馈，教育者可以更好地了解学生的学习状况，及时地调整教学策略，提升教学效果。

高职体育实践导向教学的设计与实施需要紧密结合行业需求，以问题驱动、模拟真实工作环境、强调团队合作、注重实际操作和案例分析为教学特点，通过有效的反馈机制促使学生在实践中不断提升，以培养出更具实际应用能力和职业素养的专业人才。

### （四）高职体育跨学科融合与实践导向的未来展望

高职体育跨学科融合与实践导向是未来体育教育发展的重要方向，具有广阔的展望。这一趋势不仅可以提高学生的知识水平和实际应用能力，还能更好地满足社会对多层次、全面素质的体育专业人才的需求。高职体育跨学科融合与实践导向将促进专业知识的全面性发展，通过将体育专业与心理学、医学、管理学等相关学科相结合，使学生在学习中能够形成更为全面、综合的知识结构。未来的体育专业人才需要具备多方面的知识背景，从而更好地适应社会的发展和变革。跨学科融合将拓宽学生的职业发展路径，不再将体育专业局限于传统的体育教育、运动训练领域，而是将其与医疗康复、心理咨询、体育管理等领域相结合，使体育专业毕业生能够更广泛地涉足不同领域。这将为学生提供更多的职业选择，增加其就业竞争力。实践导向的特点使得学生在学习过程中更能深入地了解专业知识的实际运用。通过参与实际项目、社区服务、企业合作等实践活动，学生能够更好地将所学知识与实际场景相结合，培养实际解决问题的能力。这有助于学生更好地适应未来职业生涯的挑战，提高其实际操作能力。跨学科融合与实践导向也将促进教学方法的创新。传统的课堂教学将更多地与实际案例分析、实地考察等实践性教学相结合，教师将更注重引导学生主动学习，培养其自主学习的能力。这将有助于营造更加积极、实践导向的学习氛围，提升学生的学习主动性。高职体育跨学科融合与实践导向还将更加关注学生个性化发展，通过了解学生的兴趣、特长和发展潜力，为其提供更个性化的培养方案。这有助于发掘学生的潜能，培养出更具创新力和领导力的专业人才。高职体育跨学科融合与实践导向还将注重国际化视野的培养。通过与国际先进体育教育机构的合作、国际交流等方式，使学生在全球范围内获得广泛的学术资源和实践机会。这有助于提高学生的国际竞争力，使其在全球范围内更具有影响力。高职体育跨学科融合与实践导向还将更加关注社会责任感的培养，通过与社区体育组织、公益活动等合作，使学生深刻理解体育与社会的关系，培养其对社会的责任感和使命感。这有助于培养更有社会担当的体育专业人才，推动社会体育事业的发展。

高职体育跨学科融合与实践导向是未来体育教育的重要方向。这一趋势将推动专业知识的全面性发展、拓宽学生的职业发展路径、促进教学方法的创新、关注学生个性化发展、注重国际化视野的培养以及关注社会责任感的培养。通过这一趋势的引领，未来的高职体育教育将更好地服务于学生的综合素质发展和社会的需要。

## 第二节　新技术与教育创新的趋势

### 一、高职体育新技术的发展趋势

#### （一）高职体育教育新技术的发展概览

高职体育教育在新技术的发展潮流中经历了深刻的变革。虚拟现实（VR）技术的引入使得体育教学在视觉和感知上取得了显著的提升。戴上VR设备，学生可以身临其境地感受各种运动场景，这不仅提高了学习的真实感，还加深了对运动技能和战术的理解。增强现实（AR）技术的应用也为高职体育教育带来了更为沉浸式的学习体验。通过手机或平板等设备，学生可以将虚拟元素融入真实世界，如在操场上展示运动动作的正确姿势。这种交互式的学习方式提高了学生的参与度，促使其更主动地参与实际运动操作。人工智能（AI）技术的广泛应用为高职体育教育提供了个性化和智能化的教学方案。通过分析学生的学习数据和表现，AI系统能够为每位学生量身定制适合其水平和兴趣的学习计划，提高了教育的针对性和效果。AI系统还可以在实践教学中充当智能助手，提供实时的指导和反馈。移动技术的普及为高职体育教育的灵活性和便捷性提供了支持。学生可以通过移动设备随时随地获取学习资源，进行在线学习和互动。这种学习模式有助于提高学生学习的主动性和积极性，促使其更加主动地参与体育教学。大数据技术在高职体育教育中也有着日益重要的作用。通过收集和分析大量的学生学习数据，教育者可以更好地了解学生的学科兴趣、学习习惯和潜在问题，从而调整教学策略，提高教学效果。此外，大数据技术还能够为教育决策提供科学依据，推动高职体育教育的持续改进。

高职体育教育新技术的发展概览显示出多方面的积极影响。这些新技术为体育教学提供了更为生动和个性化的学习方式，促进了学生对体育知识和技能的深入理解。随着技术的不断创新，高职体育教育将迎来广阔的发展空间，为学生成为未来体育领域的专业人才奠定坚实的基础。

（二）人工智能在高职体育中的应用

高职体育中人工智能的应用正逐渐成为教育领域的创新点。人工智能在高职体育中的应用可以在多个层面为教育过程带来积极的影响。人工智能技术在教学内容的个性化方面发挥着关键作用。通过分析学生的学习数据、行为模式和反馈信息，人工智能系统能够为每位学生定制个性化的学习计划，使教育更加贴合学生的需求和兴趣，提高学生的学习效果。人工智能在教学方法上提供了更多的可能性。通过智能化的教学平台，教育者可以借助虚拟实境技术、在线模拟等手段为学生创造更丰富的学习体验。这种互动性和创新性的教学方法有助于激发学生的学习兴趣，提高他们对体育教育的积极参与度。人工智能还可以在学生评估和跟踪方面发挥作用，通过自动化的评估系统及时、准确地收集学生的学习成果和表现，帮助教育者更好地了解学生的发展状况，为个性化指导提供数据支持。人工智能技术在体育技能培训中也有着广泛应用。通过运动追踪、虚拟教练等技术，学生可以接受更为精准的技能指导和反馈。这有助于提高学生在体育运动方面的技能水平，促进他们更全面地发展。在教育管理方面，人工智能技术可以协助学校管理者更高效地进行资源规划和学生管理。通过数据分析和预测模型，学校可以更好地了解学生的需求，优化教学资源分配，提高教育质量和效率。

　　然而，人工智能技术在高职体育中的应用也面临一些挑战。隐私和数据安全问题是需要认真对待的。对学生的个人数据和行为信息的收集、分析和存储，需要确保充分的隐私保护和合法合规性。技术的普及和成本问题是一个亟待解决的挑战。一些地区和学校可能由于设备成本、师资水平等方面的限制，无法充分实现人工智能技术的应用。

　　人工智能技术在高职体育中的应用为教育领域带来了新的可能性。个性化教学、创新教学方法、智能评估和技能培训等方面的应用，可以更好地满足学生的需求，提高教育质量。然而，需要在推动人工智能技术应用的同时注重解决隐私、安全、普及和成本等方面的问题，以实现人工智能技术在高职体育教育中的可持续发展。

### （三）虚拟现实和增强现实在体育教学中的融合

　　虚拟现实（VR）和增强现实（AR）技术在体育教学中的融合为教育带来了深刻的变革。这两种技术的结合为学生提供了更为沉浸式的学习体验。通过戴上VR设备，学生仿佛置身于不同的运动场景中，感受真实的运动环境。AR技术则能够将虚拟元素融入现实场景，使得学生能够在真实的操场上展开虚拟的运动演练，提高了学习的实际感。虚拟现实（VR）和增强现实（AR）的融合为体育教学提供了丰富和多样的教学内容。通过虚拟模拟和实时投影，教育者可以展示各种运动技能、战术策略，甚至模拟比赛场景。这种多媒体的教学方式不仅使学生对体育知识和技能有了直观认识，还拓宽了教学内容。虚拟现实和增强现实的融合提升了学生在体育实践中的参与度。通过与虚拟运动场景的互动，学生能够更加主动地投入体育活动中，培养其积极参与的态度。AR技术的应用使得学生在真实的操场上能够看到和感受到虚拟的运动元素，激发了学生的学习兴趣和主动性。虚拟现实和增强现实的结合为个性化教学提供了更为有力的支持。通过这两种技术，教育者可以根据学生的实际情况定制个性化的学习场景和任务。针对不同学生的水平和兴趣，可以提供不同难度和内容的虚拟体育训练，以满足学生个体化的学习需求。虚拟现实和增强现实的融合为教育者提供了更多创新的教学方法。例如，AR技术通过在操场上展示运动动作的正确姿势，帮助学生更好地理解和模仿。

虚拟实验室则能够为体育实践提供更为安全和受控的环境，使学生能够在虚拟场景中进行实际操作。

虚拟现实和增强现实在体育教学中的融合为教育注入了新的活力。这种沉浸式的学习方式不仅提高了学生对体育知识和技能的理解，还提升了学习的趣味性和参与度。随着技术的不断创新和发展，虚拟现实和增强现实的应用将继续拓展体育教学的边界，为学生提供更为丰富、深入的学习体验。

### （四）云计算在体育管理与数据分析中的角色

云计算技术在体育管理与数据分析中扮演着至关重要的角色。通过云计算技术，体育机构能够更高效地进行信息管理、数据存储与处理，并实现更精准的数据分析，为体育运营提供智能化支持。云计算技术为体育管理提供了强大的信息存储和管理能力。体育机构的庞大数据量需要高效的存储和管理系统，云计算技术通过提供弹性的、可扩展的存储解决方案，使体育管理者能够更好地应对海量的运动员信息、比赛数据、培训资料等信息的存储需求。云计算技术使多方协作更为便捷。在体育管理中，不同层级、部门和机构之间需要频繁地信息共享与协同工作。云计算技术提供了实时共享和协作的平台，使多方合作更加高效，减少了信息传递的时滞，为决策者提供及时准确的数据支持。云计算技术还能够为体育数据分析提供强大的计算能力。大数据分析在体育管理中扮演着关键的角色，它能够帮助体育机构深入挖掘运动员表现、比赛数据、观众反馈等方面的信息，为战术决策和运营策略提供准确的依据。云计算技术的强大计算能力使这些复杂的数据分析能够更快速、更高效地完成，从而提升了体育管理的水平。云计算技术也为体育机构提供了更灵活的服务模式。传统的体育管理系统往往需要大量的硬件设备和维护成本，而云计算技术通过提供基于服务的模式，使体育机构可以根据实际需求弹性调整系统资源，降低了体育管理系统的总体运营成本。云计算技术还推动了体育领域的智能化发展。通过整合人工智能算法，云计算技术能够为体育管理提供更智能的决策支持。例如，在比赛过程中，通过实时监测和分析运动员的状态，云计算系统能够提供智能化的建议，协助教练更好地调整战术和训练计划。

总体来看，云计算技术在体育管理与数据分析中的角色愈发重要。通过提供强大的存储、计算、共享和分析能力，云计算技术为体育管理者提供了更为高效、便捷、智能的工作环境，推动了体育领域的现代化发展。在未来，随着云计算技术的不断创新，体育管理与数据分析将更好地借助云计算技术实现更深层次的智能化与优化。

## 二、高职体育教育创新的趋势

### （一）全球化视野下的体育教育创新

在全球化视野下，体育教育创新面临着前所未有的挑战和机遇。全球化使得信息、文化和人才在全球范围内更加自由流动，这为体育教育注入了新的动力和时代背景。全球化加速了体育知识和经验的交流。体育领域的先进理念、科学技术、训练方法等都可以在全球范围内得到分享和传播。体育教育创新可以通过借鉴其他国家和地区的成功经验，吸收先进的教学理念和实践方法，从而提升体育教育的水平和质量。全球化加强了跨文化体育教育的需求。不同国家和地区拥有不同的文化传统、运动特色，学生在全球化时代需要具备更强的跨文化沟通和合作能力。体育教育创新可以通过融合各国文化元素，设计多元化的体育课程，促使学生更好地理解和尊重不同文化，培养跨文化交流的能力。全球化背景下的体育教育创新强调国际化人才的培养。全球范围内体育产业的快速发展，需要具备跨国合作和跨文化交流能力的专业人才来推动。体育教育创新应当致力于培养学生的国际化背景，使其具备在全球范围内从事体育领域工作的竞争力。全球化助推了体育教育资源的共享。各国优质的体育教育资源可以通过在线学习平台、数字化技术等手段进行全球共享。这种资源的共享不仅丰富了体育教育的内容，也提高了全球范围内学生的学习机会和平等性。全球化还推动了体育教育创新的国际化合作。不同国家的高校、研究机构可以共同开展科研项目、举办国际性的学术交流活动，推动体育教育理念和方法的不断创新。这种国际化的合作有助于加强各方面力量的整合，共同促进全球体育教育。

全球化视野下的体育教育创新是一个复杂而多元的过程。它既需要充分利用全球资源，汲取各国成功经验，又需要注重本土文化的传承和创新。体育教育创新应当以培养学生的全球视野和跨文化能力为目标，为他们在全球化时代的竞争中提供更为全面和优势的教育背景。

（二）高职体育教育社会需求引导下的课程创新

高职体育教育在社会需求引导下进行课程创新，旨在更好地适应社会发展趋势，满足行业对专业人才的需求。这一创新过程涉及多个方面，包括课程设置、教学方法、实践环节等，以确保学生在毕业后能够胜任复杂多变的职业要求。课程创新要关注体育教育的多元化需求。社会对体育专业人才的需求日益多元化，不仅要求他们具备扎实的专业知识，还需要具备跨学科的能力。因此，课程创新要考虑引入相关的交叉学科内容，拓展学生的知识面，使他们更具综合素养。课程创新需要关注实践能力的培养。社会对高职体育专业人才的实际操作能力有着更高的期望。因此，课程创新要加强实践环节的设置，注重学生在实际运动中的技能培养和应用能力的提升，确保他们毕业后能够胜任各种实际工作挑战。课程创新还要紧密关联体育产业的发展。随着体育产业的不断壮大，社会对相关专业人才的需求也逐渐加大。因此，课程创新应当紧密关注体育产业的发展趋势，结合产业需求进行课程设置，使学生在学习过程中能够紧跟行业步伐，更好地迎接未来就业挑战。课程创新要关注信息技术的整合。在数字化时代，信息技术在各个领域都发挥着重要作用，体育教育也不例外。引入先进的信息技术手段，可以提高教学效果，拓展学生的学科视野，使其更好地适应信息时代的要求。课程创新还要关注国际化的需求。全球化的发展使得国际的交流合作日益密切，高职体育教育也需要顺应这一趋势。因此，课程创新可以考虑引入国际化的教学内容和资源，为学生提供国际交流的机会，培养具有国际视野和竞争力的专业人才。

高职体育教育的课程创新需要充分考虑社会需求的引导。通过关注多元化需求、加强实践能力培养、关联体育产业、整合信息技术、追求国际化等方面的创新，可以使高职体育教育贴近社会需求，为学生提供全面的专业培养，更好地适应社会发展的要求。

（三）高职体育教育技术与数字化推动的教学模式创新

高职体育教育技术与数字化的推动在教学模式上带来了深刻的创新。技术与数字化的融合提高了教学的实时性和互动性。通过在线直播、虚拟实验室等技术手段，学生能够在教学过程中实时与教育者进行互动，获得及时的反馈和指导。这种实时性的教学模式使学生能够紧密地参与教学活动，提高了学习效果。数字化推动了个性化教学的发展。通过学习管理系统、智能教辅等技术工具，教育者可以更好地了解学生的学习情况和特点，从而为其量身定制个性化的教学计划。这种个性化教学模式有助于满足学生不同的学科需求和学习风格，提高了教学的针对性和效果。高职体育教育技术与数字化的应用拓展了教学资源的广度和深度。学生可以通过在线学习平台、数字图书馆等途径获取丰富的教育资源，包括视频、电子书、模拟实验等。这种资源的多样性和丰富性使得学生在学习过程中能够更全面地掌握相关知识，提高了学科的广度。教育技术与数字化的推动促进了实践教学模式的创新。虚拟实验室、模拟训练等技术工具为学生提供了更为安全和受控的实践环境，使得实践教学更具实效性。学生可以在数字环境中进行实际操作，提高了实践教学的效果，同时降低了实践活动的风险。数字化推动了跨地域教学的实现。通过在线课程、远程实践等方式，学生可以在不同地域参与体育教育，拓展了学习的地域范围。这种跨地域教学的创新使得学生能够更广泛地获取教育资源，丰富了学科的内容。

高职体育教育技术与数字化的推动为教学模式注入了新的活力。这种创新不仅提高了教学的灵活性和互动性，也拓展了教学资源的广度和深度。数字化教学模式的发展为高职体育教育带来更多可能性，使学生在全面提升专业素养的同时更好地适应现代社会的发展需求。

（四）高职体育教育跨学科融合与实践导向的教育模式创新

高职体育教育的跨学科融合与实践导向的教育模式创新是为了适应社会对专业人才的需求。这一创新涉及多个方面，包括课程设计、教学方法、实践环节等，以培养更具综合素养的体育专业人才。跨学科融合强调将体育教育与其他学科领域有机结合。引入相关的交叉学科内容，如心理学、管理学、医学等，可以拓展学生的知识面，提高他们的跨学科思维能力，使其在未来的职业生涯中更具竞争力。实践导向的教育模式注重学生在实际操作中的能力培养。通过丰富多样的实践环节，如实训课程、实地考察、实际项目等，学生能够更深入地了解体育行业的运作机制，培养实际操作技能，提升综合素养，更好地适应职场需求。教育模式创新还应紧密结合体育产业的实际需求。不断发展的体育产业，对专业人才的需求也在不断演变。因此，教育模式创新需要紧密关注体育产业的发展趋势，根据实际需求调整课程设置，使学生更好地适应体育产业的发展。跨学科融合和实践导向的教育模式创新要注重师资队伍的建设。教育者需要具备跨学科的知识储备能力，能够在教学中将不同学科的知识融入体育教育中，具备实践经验，能够有效地引导学生进行实际操作，提升他们的实际应用能力。教育模式创新还需注重培养学生的团队协作和创新能力，通过设计项目化的实践任务，鼓励学生进行团队协作，培养他们解决实际问题的能力。这有助于锻炼学生的团队协作意识和创新思维能力，从而更好地迎接未来的职业挑战。通过注重跨学科融合，实践导向，贴近体育产业需求，以及强化师资队伍的建设，高职体育教育可以符合社会对专业人才的期望，更好地服务社会发展的需要。

## 第三节 国际合作与高职体育教育的前景

### 一、高职体育教育与国际合作的理论基础

#### （一）高职体育全球化教育理论

高职体育的全球化教育理论是一种以国际化为导向的教学理念，旨在培养适应全球体育环境的专业人才。这一理论涵盖多个层面，包括教学内容、教学方法、实践环节等，以适应全球化的体育产业和社会需求。在教学内容方面，全球化教育理论强调拓展学科知识的广度和深度，不仅需要涵盖国内体育的相关知识，还应引入国际体育产业的发展趋势、国际规则和标准等方面的内容。这有助于培养学生全球化的视野，使他们能够更好地融入国际体育领域。全球化教育理论注重培养学生的跨文化沟通和合作能力。通过开展国际交流项目、合作实践等方式，学生能够接触不同文化背景的体育环境，提高跨文化交流能力，为未来在国际体育舞台上的表现做好准备。教学方法上，全球化教育理论鼓励多样化的教学手段。除了传统的课堂教学，教师还可结合国际在线课程、虚拟实境技术等现代化手段，提高学生的学科综合素

养，适应全球化教学的需求。实践环节的设置是全球化教育理论的关键。通过国际实习、国际性赛事组织等形式，学生能够深入地了解国际体育产业的运作方式，增强实际操作能力，提高在国际体育舞台上的竞争力。全球化教育理论还强调国际体育组织和联盟的重要性。学生应该学会参与国际体育组织的活动，了解国际规则、国际标准，培养具备国际竞争力的专业素养。全球化教育理论还需重视语言能力的培养。在国际交流中，语言是沟通的桥梁，因此，学生需要掌握英语或其他国际通用语言，以更好地参与国际体育领域的合作与交流。

高职体育的全球化教育理论旨在使体育专业人才更好地适应国际化的发展趋势。通过涵盖广泛的教学内容，培养学生的跨文化交流与合作能力，采用多样化的教学手段，加强国际实践环节的设置，强调国际组织和联盟的参与，以及注重语言能力的培养，可以使高职体育教育更贴近全球体育环境的需求，培养更具国际竞争力的专业人才。

（二）高职体育国际教育合作模式

高职体育国际教育合作模式是在全球化背景下不断发展的一种新型合作模式。这种合作模式在促进国际化视野、推动专业素养提升以及促使创新思维方面发挥了重要作用。国际教育合作模式推动了国际化视野的培养。通过与其他国家的高校或机构进行合作，高职体育教育能够引入不同国家和地区的优秀教学资源、先进教育理念，拓宽学生的国际视野。学生也可以在不同文化背景下学习，体验不同体育体系的运作方式，从而更好地适应全球化时代的潮流。国际合作模式有助于提升学科专业素养。通过与国际高水平的教育机构合作，高职体育教育可以引入国际前沿的教学方法、最新的研究成果，提高教学质量。学生在这种合作模式下也可以接触到更多的学科资源，拓展专业知识面，为未来的职业发展奠定更加坚实的基础。国际教育合作模式促使了创新思维的培养。与国际伙伴合作，高职体育教育可以在教学内容、教学方法等方面进行更灵活、更有创意的尝试。这种创新思维的培养不仅能够提高学生的问题解决能力，还有助于培养学生的创业精神和实践能力。国际合作模式推动了教育资源的共享。通过与其他国家的高校合作，高职体育教育可以分享对方的教学资源，充分利用各自的优势。这种资源的共享不仅提高了教学质量，也为学生提供了更多学科选择和发展机会。国际教育合作模式有助于培养学生的团队协作和跨文化交流能力。与国际伙伴共同合作，学生需要跨越文化差异，解决来自不同文化背景的问题，培养了他们团队协作的能力。这种国际合作的体验将使学生更好地适应未来国际化职场的需求。

高职体育国际教育合作模式为学生提供了更广阔的发展空间。通过与国际伙伴的合作，高职体育教育可以不断拓展教育领域的边界，提升专业水平，为学生成为未来体育领域的国际化人才奠定坚实的基础。

（三）高职体育国际化人才培养理念

高职体育国际化人才培养理念深深植根于时代的土壤，顺应着全球化的潮流。这一理念追求跨文化、全球视野的培养目标，旨在培养具备国际竞争力的专业人才。国际化人才培养理念强调学生要具备在不同文化背景下交流合作的能力，要拥有超越国界的视野，能够在国际体育领域中脱颖而出。在国际化人才培养理念中，首要之务是培养学生的跨文化交流能力。这意味着学生需要具备在多元化文化环境中沟通合作的能力，理解并尊重不同文化的差异。培养跨文化交流能力需要通过多元化文化的教学环境、实践项目等手段，让学生在实际操作中感受和理解不同文化的特点，从而增进他们的跨文化沟通技能。国际化人才培养理念还着眼于提升学生的语言能力。语言作为交流的桥梁，在国际体育领域中显得尤为关键。学生需要具备良好的语言能力，能够在国际舞台上自如表达自己的观点，并与来自不同国家的人进行有效沟通。因此，培养学生的语言能力成为国际化人才培养的一项重要任务，学校可以通过开设英语课程、组织英语角等方式，提升学生的语言水平。国际化人才培养理念还要求学生具备全球视野。这意味着学生要超越国界，不仅要关注国内体育发展，更要了解和关心国际体育的动态。学生需要对世界各地不同的体育文化、体育产业有深入了解，能够从全球范围内获取信息，为未来的职业发展打下国际化的基础。在培养国际化人才的过程中，实践项目的设计与推行是至关重要的。通过组织国际性的实践活动，学生有机会亲身体验国际体育领域的运作机制，了解不同国家的体育产业发展状况。这样的实践项目不仅能够锻炼学生的专业能力，更能培养其在国际化环境下的适应能力和领导力。

高职体育国际化人才培养理念是迎接全球化挑战的迫切需求。通过培养具备跨文化交流能力、优秀语言水平和全球视野的专业人才，可以更好地适应国际体育领域的发展趋势，为我国体育事业的国际化注入源源不断的活力。这一理念的实践将使我国高职体育教育更好地融入国际大家庭，为培养具有全球竞争力的优秀体育人才贡献巨大力量。

## 二、高职体育教育于国际合作的实践和前景展望

### （一）高职体育国际交流与学术合作实践

高职体育领域的国际交流与学术合作实践是学科发展中的关键组成部分，对于提升教育水平、推动科研创新、培养具有国际竞争力的专业人才都具有重要意义。国际交流有助于拓宽学科视野。通过与国外高校、研究机构的交流合作，高职体育教育者和学生能够深入地了解国际上体育领域的最新研究成果、教学理念和实践经验。这样的交流使学科在理论和实践方面能够更全面地发展，为国内高职体育教育提供了广阔的学科视野。学术合作实践推动了科研水平的提升。通过国际合作，高职体育领域可以吸纳国际上优秀的科研团队和学者资源，促使国际学术交流。合作中的知识互补和经验共享，有助于提高科研水平，推动学科向深层次发展。国际交流与学术合作实践有助于培养跨文化交流能力。通过与国际伙伴的合作，高职体育教育者和学生能够更好地理解和尊重不同文化、不同教育体系，培养跨文化交流的能力。这对于未来从事国际体育领域工作的学生来说，具有重要的竞争优势。国际学术合作有助于提高教学水平。与国际优秀教育机构进行合作，借鉴其先进的教学理念、方法和资源，能够为高职体育教育者提供更多的教学参考和创新思路。这种经验的共享和教学模式的比较促使高职体育教育更加符合国际标准，提高了教学水平。国际交流与学术合作实践为学生提供了更多的国际化发展机会。通过国际实习、学术研讨等形式，学生能够深入地体验国际体育领域的运作机制和工作方式，提升了实践经验和职业素养。

高职体育领域的国际交流与学术合作实践不仅有助于推动学科的发展，也培养了具备国际竞争力的专业人才。这种实践模式促使高职体育教育更好地适应国际化潮流，为学科的进步和学生的成长提供了丰富的机会。

（二）高职体育联合培养与双学位项目实践

高职体育联合培养与双学位项目实践是一项创新性的教育举措，其背后潜藏着深厚的理论支持和实践经验。联合培养旨在打破传统教育的边界，使学生能够在不同学府之间取长补短，获得更加全面的专业知识。双学位项目则为学生提供了更多学科选择的机会，使其在有限的时间内获得丰富的学术背景。在联合培养实践中，学校之间的合作是至关重要的。各高校可以充分发挥各自的优势，建立紧密的合作关系，共同推动学生的全面发展。此外，通过联合培养，学生能够融合不同高校的教学资源，拓宽自己的学科视野，形成丰富的学术生态。双学位项目的实践是联合培养的重要组成部分。这一项目为学生提供了在多个学科领域深耕的机会，使他们能够在同一时期获得两个学位，提升综合素质。学生通过选择不同领域的学科，可以更灵活地规划自己的学术发展路径，更好地满足个性化学习需求。在实施联合培养与双学位项目时，学生个体的发展需求应被充分考虑。不同学生具有不同的学科兴趣和发展方向，因此，联合培养和双学位项目的设计应更加注重个性化。学校可以根据学生的兴趣、优势和发展方向，量身定制培养计划，使学生能够更好地发挥个人优势，培养出更具创新精神和实际能力的人才。实践中，联合培养与双学位项目不仅为学生提供了更丰富的学科选择，也使他们在实际应用中能够更好地将所学知识转化为实际能力。通过参与真实项目、实地实习等方式，学生能够更深入地了解相关行业的运作机制，提高实际操作能力，为将来的就业和职业发展打下坚实基础。联合培养与双学位项目也有助于加强不同高校之间的合作与交流。学校之间通过此类项目的合作，可以更好地共享教学资源、提高教学水平。这种合作不仅有助于提升学校在国内外的声誉，也为学校的教育质量和水平提供了更广阔的发展空间。

高职体育联合培养与双学位项目实践是一项具有前瞻性和创新性的教育探索。通过这种实践，学生得以全面发展，学校之间得以深化合作，体现了教育的开放性与包容性。这一实践的成功经验不仅将为高职体育教育的未来提供有益启示，也有望为其他学科领域的教育改革提供新的思路。

（三）高职体育国际实习与实践项目实践

高职体育的国际实习与实践项目实践是为了使学生更好地融入国际体育环境，提高他们的实际操作能力和全球竞争力。这一实践项目旨在通过实际参与国际性赛事、组织国际体育活动、进行实地考察等方式，使学生更深入地了解全球体育产业的运作机制，增强其实际操作能力。国际实习与实践项目实践要求学生参与国际性赛事的组织与管理。通过亲身参与国际体育赛事的策划、组织、执行等工作，学生能够深刻地理解赛事背后的运作机制，增强团队协作和组织管理的实际操作能力。实践项目强调学生参与国际体育组织的工作。通过实际的工作经历，学生能够了解国际体育组织的运作方式，领悟国际体育政策、规则等方面的实际应用，提高在体育组织中的实际操作水平。实践项目还包括学生参与国际体育活动的实地考察。通过实地考察，学生能够深入地了解不同国家和地区的体育文化、产业发展状况等，拓展国际视野，提高跨文化交流与合作的能力。国际实习与实践项目实践要求学生参与体育产业的国际市场拓展。学生在实际操作中了解国际市场的需求和竞争状况，通过参与市场营销、推广策略的制定等工作，提升在国际体育市场中的实际操作能力。实践项目还包括学生在国际性体育机构的实际工作经历。通过在国际性体育机构的实习，学生能够深入了解该机构的运作模式、管理体制等，锻炼实际操作能力，增强在国际体育机构中的适应力。

高职体育的国际实习与实践项目实践是为了培养更具全球竞争力的专业人才。通过亲身参与国际性赛事、组织国际体育活动、实地考察、市场拓展、在国际体育机构的实际工作经历等方式，学生能够更深入地了解全球体育产业，提升实际操作能力，为未来在国际体育舞台上的成功表现做好充分准备。

（四）高职体育未来国际合作的前景展望

高职体育领域的未来国际合作具有广阔的前景，将在多个方面取得显著的成果。未来国际合作有望加强学科交流与融合。不同国家和地区在体育领域拥有独特的教育体系和专业特色，未来的国际合作将促使各方深入交流，借鉴对方的优势，实现学科的互补和融合。这种交流与融合有助于形成更为完善的高职体育教育体系，提升学科整体水平。未来国际合作将推动高职体育领域的全球化发展。随着全球化的不断推进，国际合作将更为密切。高职体育领域的学术研究、教学方法、实践经验等方面的合作将更加全球化，形成一个共同发展的大环境。这种全球化势头有助于高职体育领域更好地适应全球化时代的发展潮流，推动学科的全球发展。未来国际合作有望促进高职体育领域的科研创新。合作伙伴之间的科研资源共享、跨国合作研究项目的开展将加速学科的前沿科研成果传播与应用。这种国际合作模式助力于解决全球性的体育教育问题，促进高职体育领域在科研创新方面广泛深入的合作与交流。未来国际合作将促使高职体育领域的人才培养贴近国际需求。通过与国际优秀高校的合作，高职体育教育能够更好地了解国际体育产业的发展趋势、国际市场的需求，有针对性地调整专业设置和课程体系，培养更符合国际标准的高素质专业人才。未来国际合作有望推动高职体育领域的国际性认证与评估。通过与国际知名体育教育机构的合作，高职体育教育能获得国际性的认证与评估，提高专业水平的国际认可度，进一步吸引国际学生前来就读，形成更加开放与多元的国际化教育格局。

高职体育领域未来国际合作的前景充满希望。这种合作将推动学科的融合发展、全球化进程、科研创新、人才培养等多方面取得突破性的进展。通过与国际合作伙伴共同努力，高职体育领域有望在全球范围内实现全面发展。

## 第四节　高职体育教育的可持续发展

### 一、高职体育教育可持续发展的理论框架

#### （一）生态学视角下的可持续发展理论

生态学视角下的可持续发展理论在高职体育教育中体现出对环境、社会和经济的平衡考虑，以培养学生成为全面发展的专业人才。这一理论不仅强调生态平衡和资源的合理利用，还关注体育产业对社会和经济的影响，旨在实现高职体育教育的可持续发展。生态学视角下的可持续发展理论要求高职

体育教育注重生态平衡。这包括对体育资源的合理利用，防止过度开采和过度消耗。通过强调可持续发展，高职体育教育应使学生在学习过程中培养保护环境的意识，推动体育产业向更加环保和可持续的方向发展。理论要求高职体育教育关注社会责任。学生应当通过学科知识的传授，了解体育对社会的影响，培养社会责任感。这包括关注体育活动对社区的影响，推动体育产业在发展过程中履行社会责任，促使学生意识到体育产业应该成为社会可持续发展的积极推动者。可持续发展理论还强调经济的可持续性。高职体育教育应该培养学生具备经济思维能力，使他们在体育产业中能够理性分析和评估经济效益，推动体育产业的可持续发展。这可能包括探索新型经济模式、开发绿色产业等方面的实际操作。理论同时要求高职体育教育关注自然生态系统的复原能力。学生需要理解体育活动对生态系统的影响，学会通过可持续发展的方式进行体育活动，减少对环境的负面影响。这包括推动绿色体育场馆建设、倡导低碳体育活动等方面的实践。可持续发展理论还强调体育产业中的社会公正。高职体育教育应该培养学生关注社会公平的意识，推动体育资源的公平分配，使体育活动能够更好地服务社会的各个层面，实现社会的可持续发展。

生态学视角下的可持续发展理论对高职体育教育提出了更为全面的要求。通过注重生态平衡、社会责任、经济可持续性、自然生态系统的复原能力、社会公正等方面的教育内容和实践活动，高职体育教育能够更好地培养学生成为具备可持续发展意识和能力的专业人才，为体育产业的可持续发展作出积极贡献。

（二）社会责任视角下的可持续发展理论

高职体育教育在社会责任视角下的可持续发展理论呈现出多层次的内涵与实践，强调培养学生的全面素养和社会责任感，使其能够在体育领域具备可持续发展的能力；注重体育教育的社会价值和长远影响，使教育不仅关注个体的发展，也关注社会的长期可持续性。这一理论框架推动高职体育教育更好地适应当代社会需求，引领学科的可持续发展。在可持续发展理论中，高职体育教育被赋予了培养社会责任感的使命。教育者通过设定多样化的课程和实践活动，促使学生思考体育在社会中的作用，并培养他们的社会责任感。这种教育目标不仅关注学生自身的发展，更强调他们在社会中发挥积极作用的能力，为社会的可持续发展做出贡献。在高职体育教育的可持续发展理论中，社会责任的内涵逐渐拓展至环境保护、社会公平、文化传承等多个方面。教育者通过设计与社会相关的教学内容和实践项目，引导学生关注环境问题、关心社会弱势群体、传承文化遗产。这样的综合性教学不仅使学生具备了更全面的社会责任感，也推动了高职体育教育的理论体系更加符合社会的可持续发展需求。可持续发展理论还在高职体育教育中促使教育机构更加注重社会参与和服务，通过与社区、企业等社会组织合作，将体育教育资源分享给更多人，推动体育教育资源的公平分配。这样的社会参与不仅使得教育机构在社会中具有更强的影响力，也使学生在实践中更好地理解和践行社会责任。高职体育教育的可持续发展理论强调创新与实践相结合。教育者通过引入创新的教学方法、科研成果和实践项目，不断地推动学科发展。这种创新与实践相结合的模式使得高职体育教育更具活力，更好地适应社会变革的需求。

社会责任视角下的可持续发展理论为高职体育教育注入了新的理念和动力。这一理论使得教育更具有社会关怀，更强调学科的实用性和服务社会的功能，为高职体育教育的可持续发展提供了深刻的指导和思考。

（三）经济可持续性视角下的可持续发展理论

经济可持续性视角下的可持续发展理论在高职体育教育中强调了体育产业对经济的影响和责任。这一理论要求高职体育教育关注如何在体育产业的发展中实现经济的可持续性发展，既满足当前需求，又不损害未来的经济利益。理论要求高职体育教育关注体育产业的经济效益。学生应通过学科知识的学习，深入了解体育产业对经济的贡献和影响。这包括体育赛事的经济效益、体育产业的市场规模、体育营销等方面的内容。通过对这些方面的了解，学生能够为体育产业的可持续发展提供经济学角度的支持。理论强调高职体育教育要培养学生的经济思维和分析能力。学生需要具备分析体育产业运作的能力，理解体育产业的市场机制、投资运作、财务管理等方面的知识，从而更好地参与体育产业的经济活动。经济可持续性视角下的可持续发展理论要求高职体育教育注重创新。学生需要通过学科知识的传授，了解体育产业的发展趋势，掌握新兴经济模式和科技的应用，为体育产业的创新和可持续发展提供经济支持。理论强调高职体育教育应该培养学生对体育产业的社会责任感。学生需要认识到体育产业的经济行为对社会的影响，通过经济手段实现社会的可持续发展目标。这可能包括推动体育资源的公平分配、支持社区体育项目、关注社会公正等方面的实践。经济可持续性视角下的可持续发展理论还要求高职体育教育关注资源的合理利用。学生需要明智地利用有限的资源，推动体育产业在发展过程中实现资源的可持续使用，避免浪费和过度开发。

经济可持续性视角下的可持续发展理论对高职体育教育提出了多方面的要求。通过关注体育产业的经济效益、培养学生的经济思维能力和分析能力、注重创新、培养社会责任感以及合理利用资源等方面的教育内容和实践活动，高职体育教育能够更好地推动体育产业的经济可持续发展，培养更具实际操作能力和经济意识的专业人才。

（四）制度变革视角下的可持续发展理论

可持续发展理论框架强调制度的关键作用，使得高职体育教育在制度安排、机制设计等方面更具可持续性。在制度变革的视角下，高职体育教育需要深刻理解和主动适应社会的变革。教育机构在制度层面需要灵活调整，与社会需求、产业发展等因素相衔接，保证高职体育教育与社会实际紧密相连，形成互动发展的机制。制度变革要求高职体育教育逐渐从僵化的体制中解脱出来，形成更加灵活、开放的教育机制。这需要教育机构对体制内的规章制度进行适时的调整，从而能够更加灵活地应对社会变革，更好地服务学生和社会。可持续发展理论强调制度的稳定性与灵活性相结合。在高职体育教育中，制度变革要确保在保持制度稳定性的对于变革的接纳与实施要有科学有效的设计。这要求教育机构在制度变革中能够平衡好稳定性和灵活性的关系，使得制度更好地服务学科的可持续发展。制度变革要注重激发高职体育教育内部的创新活力，通过制度的设计和调整，引导教育机构关注师资队伍建设、课程体系改革、实践教学创新等方面的创新举措，使教育的内在机制能够更好地适应社会的发展需求。在可持续发展理论中，制度的完善需要与质量保障机制相结合。高职体育教育的制度变革要保证教育质量的提升，需要建立有效的评估与监控体系，推动教育机构更加注重教学质量，形成保障可持续发展的质量体系。制度变革还要关注资源的合理配置。高职体育教育需要通过制度变革优化资源配置，提高资源利用效率，确保各类资源更好地支持学科的可持续发展。

制度变革视角下的可持续发展理论为高职体育教育提供了有力的理论指导。通过制度的变革，高职体育教育有望实现更加稳健和持续的发展，更好地服务社会和学科的发展需要。

## 二、高职体育教育的可持续发展实践

### （一）教育质量与可持续发展

教育质量与可持续发展在高职体育教育中密不可分，体现了对培养学生成为全面发展的专业人才的追求。这一关系要求高职体育教育在提升教育质量的关注学生的全面素养，使其能够在体育产业中实现可持续发展。教育质量与可持续发展关注培养学生的综合素质。高职体育教育应旨在提升学生的专业技能，注重培养他们的创新能力、团队协作精神、跨文化交流能力等全面素养，使其更好地适应体育产业的发展需求。教育质量与可持续发展要求高职体育教育注重实际操作能力的培养。学生需要在实际操作中学到更多的知识和技能，使他们能够更好地适应体育产业的变化，为可持续发展提供实际支持。这包括实地实习、参与体育赛事组织、体育产业项目的实践等方面的内容。教育质量与可持续发展要求高职体育教育注重师资队伍建设。教师不仅要具备专业知识，还需要具备行业实践经验，能够引导学生更好地适应体育产业的需求，通过引入行业专业人士，促使学生更深入地了解体育产业的实际情况，提高实际操作能力。教育质量与可持续发展关注高职体育教育的社会影响。学生需要通过学科知识的学习，了解体育产业对社会的影响，培养社会责任感。高职体育教育要引导学生通过体育活动参与社会公益事业、支持社区体育项目等实践，为可持续发展做出贡献。教育质量与可持续发展要求高职体育教育关注国际化人才的培养。学生需要在学习过程中，通过参与国际性体育赛事、实习项目等活动，拓展国际视野，提高跨文化交流与合作的能力，为体育产业的国际化发展提供人才支持。

教育质量与可持续发展在高职体育教育中形成了一种密切的关系。通过培养学生的全面素质、注重实际操作能力、加强师资队伍建设、关注社会影响、培养国际化人才等方面的努力，高职体育教育能够更好地促进教育质量的提升，为可持续发展贡献更多的力量。

（二）社会责任与可持续发展

高职体育教育的社会责任与可持续发展紧密相连，体现在多个方面的实践和理念中。高职体育教育的社会责任体现在对学生全面素质的培养上。高职体育教育不仅要注重学科知识的传授，更要关注学生的人文素养、社会责任感和创新能力的培养，通过综合素质教育，培养学生具备面向未来社会的综合能力，为社会的可持续发展提供人才支持。高职体育教育的社会责任体现在促进体育产业的健康发展上。通过培养具有实际操作技能的专业人才，高职体育教育积极推动着体育产业的发展。这不仅有助于产业的繁荣，也为社会创造了更多的就业机会，促进了社会的经济可持续发展。在可持续发展理念的引领下，高职体育教育注重培养学生的环境保护意识和可持续发展观念，通过相关课程和实践活动，引导学生了解生态平衡、资源保护等方面的知识，使学生在未来能够在体育领域中以可持续发展的方式参与并贡献于社会发展。高职体育教育肩负着重大的社会责任，其社会责任不仅体现在培养专业人才上，更关乎社会公平、文化传承、人才培养的全面性，以及对社会的积极贡献。高职体育教育的社会责任体现在培养实用型专业人才。通过结合实际职业需求，紧密联系体育产业，高职体育教育致力于培养学生具备丰富实践经验和操作技能的专业人才，以满足社会对体育行业的实际需求。高职体育教育的社会责任体现在关注社会公平方面，通过提供平等的教育机会，让学生不论出身背景如何，都有机会获得高质量的体育教育。这有助于社会公平的实现，为更多人才的崛起提供机会，促进社会的平稳可持续发展。高职体育教育的社会责任还表现在文化传承与创新上。通过对传统文化的传承和现代体育理念的创新，高职体育教育有助于推动文化的传承发展，并引领体育行业走向创新，为社会文化的多元发展做出积极贡献。高职体育教育的社会责任还表现在培养学生的社会责任感和公民意识方面。高职体育教育应通过引导学生关注社会问题、参与公益活动，培养他们对社会的责任感和对公民义务的认识，为社会的和谐稳定做出贡献。高职体育教育的社会责任还包括关注环境保护与可持续发展。教育机构通过引入相关课程和实践项目，培养学生的环保意识，使他们在未来能够在体育领域中以可持续发展的方式参与并贡献于社会发展。高职体育教育的社会责任还涉及对体育产业的健康发展。通过培养实际操作技能的专业人才，推动着体育产业的发展。这不仅有助于产业的繁荣，也为社会创造了更多的就业机会，促进了社会的经济可持续发展。1高职体育教育的社会责任体现在多个方面，不仅是培养专业人才，更包括对社会公平、文化传承、社会责任感的全面培养，以及对社会、环境和产业的积极贡献。这种社会责任的履行使得高职体育教育成为社会进步和可持续发展的关键力量。1高职体育教育在社会责任与可持续发展中的角色还表现在积极推动社会公平。通过提供平等的教育机会，无论学生的背景如何，都有机会获得高质量的体育教育。这有助于社会公平的实现，为更多人才的崛起提供机会，促进社会的平稳可持续发展。1在社会责任的层面上，高职体育教育还应关注社会公益事业的发展。通过学生的实践项目和志愿服务活动，高职体育教育与社区、公益组织等社会机构合作，为推动社会的可持续发展做出积极贡献。

高职体育教育在社会责任与可持续发展方面扮演着重要的角色。通过全面素质培养、产业支持、环境保护、社会公平和公益事业的推动，高职体育教育致力于培养更具社会责任感的专业人才，为社会的可持续发展贡献力量。

### （三）经济可持续性与可持续发展

经济可持续性与可持续发展之间存在着紧密的关系，这一关系凸显了在经济发展的对环境、社会和资源的平衡考虑。经济可持续性强调的是经济体系的稳健和长期发展，而可持续发展广泛地关注社会、环境等多个方面的平衡和可持续性。在高职体育教育中，经济可持续性和可持续发展的理念需要贯穿于培养学生的全过程，以塑造具备可持续发展意识和实践能力的专业人才。经济可持续性与可持续发展要求高职体育教育注重学生对经济的理解。学生需要深入学习体育产业的运作机制，了解其在国民经济中的地位，认识到体育产业对经济增长的贡献，以及在其中的可持续发展的机遇与挑战。经济可持续性与可持续发展要求高职体育教育培养学生的创新精神。学生需要通过对学科知识的学习，了解体育产业中新兴技术和商业模式的应用，从而推动体育产业的创新，促进其可持续发展。经济可持续性强调了资源的有效利用，高职体育教育要在可持续发展理念下培养学生的资源管理能力。这包括学生在学习和实践中如何合理利用体育资源，避免过度开发，推动体育产业朝着更为可持续的方向发展。可持续发展要求高职体育教育培养学生的社会责任感。在体育产业中，学生需要认识到自身的经济活动对社会的影响，应当通过体育项目、活动等方式履行社会责任，推动体育产业实现经济可持续性。经济可持续性与可持续发展要求高职体育教育关注全球视野。学生需要在学习过程中了解国际体育市场、国际赛事的经济影响，培养国际合作的能力，以推动体育产业的全球可持续发展。经济可持续性与可持续发展为高职体育教育提供了丰富的指导理念。通过深化学生对体育产业的经济理解、培养创新精神、强调资源管理能力、注重社会责任感和关注国际视野等方面的实践，高职体育教育能够更好地推动经济可持续性和可持续发展的实现，培养更具实际操作能力和全球竞争力的专业人才。

### （四）制度创新与可持续发展

高职体育教育的可持续发展必须紧密结合制度创新，以促进学科的长期稳定发展和更好地适应社会需求。制度创新对于高职体育教育来说，是一种内在机制，旨在推动教育体系更好地适应社会的发展变革，实现可持续的教育目标。制度创新在高职体育教育中体现为课程体系的调整，通过对课程设置的灵活性和多样性的探索，满足学生个性化发展的需求。这样的课程设计使得高职体育教育更加贴近社会实际，培养出更具实践能力和创新精神的专业人才。制度创新需要关注教学方法与手段的创新，引入先进的教育技术、教学模式，推动高职体育教育在教学过程中更注重实践、实际操作和问题解决能力的培养。这有助于学生更好地适应职业发展需要，提高其综合素质。制度创新还需关注评估与激励机制的调整，建立科学合理的评价体系，突破传统的评价方式，注重对学生综合素质的全面评估。设计更具激励性的机制，鼓励教师积极创新，为学生提供丰富的学科资源和实践机会，促使高职体育教育更好地服务社会需求。高职体育教育的制度创新还需要关注师资队伍的建设，建立更为灵活的招聘机制，引入更具实践经验的专业人才。通过培训和激励机制，提升教师的教学水平，使其更好地适应学科的发展和社会的需求。制度创新不仅是对内部机制的调整，还涉及高职体育教育与社会、产业的紧密对接。建立更为灵活的校企合作机制，推动实习实训项目与企业需求更好地契合，能够使学生毕业后更容易融入职业生涯，促进体育产业的可持续发展。制度创新还包括国际化发展的探索。建立更加开放的国际合作机制，引进国际优秀教育资源，促进师生的国际交流与合作。这有助于提高高职体育教育的国际竞争力，推动学科更好地融入国际发展的潮流。高职体育教育的可持续发展需要通过制度创新，不断调整内外部机制，使教育更贴近社会需求，更好地培养学生的实践能力和创新精神，从而实现学科的长期稳定发展。

# 参考文献

［1］宋建亚.高职体育教学中体育器材的有效利用研究［J］.文体用品与科技，2024（1）：145—147.

［2］李根旺.高职体育篮球教改对学生技术水平提升的影响研究［J］.内江科技，2023（12）：133—134.

［3］陈燕兰.体教融合视域下高职体育教学改革路径探究［J］.佳木斯职业学院学报，2023（11）：100—102.

［4］陈兰娟，卓存杭.高职体育教学中学生职业心理课程建设的实践探究［J］.佳木斯职业学院学报，2023（11）：209—211.

［5］陈莉，邬玉波.工匠精神引领下高职院校体育教学实践途径研究［J］.湖北开放职业学院学报，2023（22）：188—189，192.

［6］刘炳泉.基于"三全育人"理念下的高职体育教学改革［J］.体育世界，2023（11）：61—63.

［7］陈翔.高职院校体育与健康课程思政建设研究［J］.当代体育科技，2023（33）：149—152.

［8］钱红军，夏淼，徐华.高职体育品牌内涵建设研究［J］.武术研究，2023（11）：133—136.

［9］武娟蕊.探究式教学在高职体育教学中运用研究［J］.冰雪体育创新研究，2023（22）：28—30.

［10］彭玲琳.基于职业需求为导向背景下高职体育教学改革思路探究［J］.冰雪体育创新研究，2023（22）：101—103.

［11］夏蓉，杨栋.五年制高职体育专业美术课教学内容的选择［J］.学园，2023（35）：25—28.

［12］徐小平，曲雪，杜鑫."课程思政"在高职体育课程教学中的融合

与渗透探析［J］.才智，2023（32）：41—44.

　　［13］毛珂，徐峰，周筱霞.基于实践导向的高职体育教学改革探索［J］.体育风尚，2023（11）：44—46.

　　［14］张程波.云南省高职体育课程贯彻课程思政实施路径研究［J］.体育风尚，2023（11）：74—76.

　　［15］谢庆华.技能型人才培养的高职体育教学改革探究［J］.体育风尚，2023，（11）：116—118.

　　［16］孙小杰.体育强国战略背景下高职体育课程教学研究［J］.冰雪体育创新研究，2023（21）：128—130.

　　［17］姜懿轩.立德树人视域下高职院校体育课程思政教学对策探析［J］.冰雪体育创新研究，2023（21）：116—118.

　　［18］李自营.基于技能型人才培养视角的高职体育教学模式革新研究［J］.当代体育科技，2023（31）：45—48.

　　［19］冯庆雨，孟升，贾淼，等."体教融合"视域下高职体育教学改革的实践与探索［C］//中国体育科学学会.第十三届全国体育科学大会论文摘要集：专题报告（学校体育分会）.河南工业职业技术学院，2023：3.

　　［20］赵欣.基于学生体能训练的高职体育教学课程体系构建［J］.佳木斯职业学院学报，2023（03）：140—142.